ERSTE HILFE FÜR DIE ERDE

Mark Maslin ist Professor für Erdsystemwissenschaften am University College London (UCL). Er ist der ehemalige Direktor des UCL-Umweltinstituts und eine führende Stimme im Kampf gegen den Klimawandel.

In einem seiner wissenschaftlichen Fachgebiete erforscht Maslin die Ursprünge des Anthropozäns, die Ursachen für die vergangenen und zukünftigen Klimaveränderungen und die ökologischen Herausforderungen, denen sich die Menschheit im 21. Jahrhundert stellen muss. Maslin ist Forscher der Royal Society Wolfson-Stiftung und war Stipendiat des Royal Society Industry-Programms. Er hat mehr als 175 Artikel in Fachzeitschriften wie *Science, Nature* und *The Lancet* veröffentlicht.

Maslin ist Autor von acht populären Büchern, darunter *The Human Planet* und *Cradle of Humanity*. Regelmäßig hält er Vorträge bei bedeutenden literarischen und wissenschaftlichen Festivals. Er schreibt Artikel für *The Times, New Scientist, The New York Times, The Independent* und *The Guardian*. Er ist in *Newsnight, Time Team, BBC News* und *Dispatches* aufgetreten. Darüber hinaus war er Berater und Hauptverantwortlicher für die 2019 auf BBC One ausgestrahlte Dokumentation *Climate Change: The Facts* von David Attenborough.

PROF. MARK MASLIN

ERSTE HILFE FÜR DIE ERDE

Die Fakten

Aus dem Englischen von Ilka Schlüchtermann

KOSMOS

Aus dem Englischen übersetzt von Ilka Schlüchtermann, Neckargemünd

Titel der Originalausgabe: How to Save Our Planet, erschienen 2021 bei Penguin Life, einem Imprint von Penguin General, unter der ISBN 978-0-241-47252-1. Penguin General ist Teil der Penguin Random House Unternehmensgruppe.

Umschlaggestaltung von Gramisci Editorialdesign, Claudia Geffert, München
unter Verwendung folgender Abbildungen:
Wolke: © bsd studio / Shutterstock
Eisberg: © linear_design / Shutterstock
Pflanze: © Anatolir / Shutterstock

Gedruckt auf chlorfrei gebleichtem Papier

FSC www.fsc.org
MIX
Papier | Fördert gute Waldnutzung
FSC® C014889

Für die deutschsprachige Ausgabe:

Pfizerstraße 5–7, 70184 Stuttgart

ISBN 978-3-440-17579-8
Projektleitung: Wiebke Hebold
Redaktion: Carolin Kugel, Irmgard Sigg
Lektorat: Beatrice Weber, Ostfildern
Satz: Dagmar Brenneisen, Speyer
Produktion: Klaus Jost
Druck und Bindung: Friedrich Pustet GmbH & Co. KG, Regensburg
Printed in Germany / Imprimé en Allemagne

Für meine Mutter,
Catherine Anne Maslin
(1943–2020)

Ohne sie wäre ich nicht
derjenige, der ich heute bin.

Für alle, die bereit sind,
für eine bessere Welt zu kämpfen.

INHALT

VORWORT

Das weltweite Bewusstsein für den Klimawandel und die Umweltkrise wächst rasant: durch Greta Thunbergs Schulstreiks, Extinction Rebellion, die jüngsten, aufrüttelnden Berichte des Zwischenstaatlichen Ausschusses für Klimaänderungen (IPCC, Weltklimarat), die Dokumentation *Climate Change: The Facts* von BBC One und durch Regierungen in aller Welt, die erklären, dass wir uns in einem Klimanotstand befinden.

Und dieses Bewusstsein wächst weiter.

Die Wissenschaft führt uns deutlich vor Augen, dass unser Planet und unsere Spezies einer gewaltigen Krise gegenüberstehen – einer Krise, die wir selbst ausgelöst haben.

Diese Klimakrise ist so dringlich, dass wir sofort handeln müssen.

Es gibt mittlerweile viele Bücher über den Klimawandel. Einige davon wollen dir Angst einjagen, andere wollen dich belehren.

Dieses Buch ist anders.

VORWORT

Dieses Buch richtet sich an jeden Einzelnen von uns.

Ich wollte ein Buch schreiben, das die Menschen schlauer macht, kompetenter und handlungsfähiger.

Dieses Buch kann man in einer Kneipe zitieren, bei einer Party oder auch im Parlament.

Dieses Buch hat einen neuen, eigenen Stil und spricht damit alle an, die etwas verändern wollen.

Es ist ein kurzes, aber prägnantes Handbuch, das dir Einsichten und Wissen sowie schlagkräftige Argumente und Handlungsempfehlungen vermittelt, um unseren Planeten zu retten.

* * *

Dies ist kein linear aufgebautes Buch.

Du musst nicht am Anfang oder am Ende beginnen. Jedes Kapitel ist in sich abgeschlossen.

Wähle das für dich persönlich relevanteste Kapitel aus und lies dieses zuerst.

VORWORT

Dieses Buch ist inspiriert von Sun Tzus Werk *Die Kunst des Krieges.* Genau wie jenes reiht es in kurzen Sätzen Formulierungen aneinander, von denen jede für sich genommen bedeutungsvoll ist.

Da es um die Rettung unseres Planeten und auch um unsere eigene geht, sind wir in Kampfeslaune: Wir müssen jeden Teil unserer Gesellschaft in den Kampf gegen den Klimawandel und die Umweltzerstörung einbeziehen.

Jede Aussage in diesem Buch ist durch nummerierte Quellenangaben belegt, die am Ende des Buches aufgelistet sind, sodass du alle von mir aufgeführten Fakten überprüfen kannst.

Ich wünsche mir, dass dieses Buch von allen gelesen wird, denn ich glaube fest daran, dass wir alle gemeinsam diesen Planeten zu einer besseren, sichereren und gesünderen Welt für die gesamte Menschheit machen können.

EINFÜHRUNG

WIR STEHEN AM ABGRUND.

DIE ZUKUNFT UNSERES PLANETEN LIEGT IN UNSEREN HÄNDEN.

EINFÜHRUNG

In der zweiten Hälfte des 20. Jahrhunderts haben unsere Kreativität und unser Zusammenwirken zu einem noch nie dagewesenen Frieden, zu Wohlstand und individueller Freiheit geführt.

Doch unsere Institutionen und die Paradigmen, die diese Erfolge ermöglicht haben, halten nicht Schritt mit unserer sich rasch verändernden Welt.

Wachsende Umweltbelastungen, der Klimawandel, rasant voranschreitende technologische Neuerungen und soziale Ungleichheit scheinen unsere Regierungen und Gesellschaften zunehmend zu überfordern.

Wir sind in ein neues geologisches Zeitalter eingetreten – das Anthropozän.

Wir sind zur neuen geologischen Supermacht auf unserem Planeten geworden – durch uns verändern sich Klima und Umwelt schneller als durch die Verschiebung der Kontinente oder durch das Kommen und Gehen der großen Eiszeiten.

Der Klimawandel ist die größte Bedrohung, der wir jemals gegenüberstanden.

Das Leugnen des Klimawandels ist immer noch weit verbreitet und lähmt sämtliche Bereiche unserer Gesellschaft.

Wir alle können dazu beitragen, mit dieser Leugnung umzugehen – diesem äußerst menschlichen Gefühl.

WIR SIND IN EIN NEUES GEOLOGISCHES ZEITALTER EINGETRETEN – DAS ANTHROPOZÄN.

FAKTEN HABEN DIE MACHT, UNSERE WELT ZU VERÄNDERN.

EINFÜHRUNG

Fakten sind Macht.

Fakten haben die Macht, unsere Welt zu verändern.

Wir müssen neue Denkweisen für das 21. Jahrhundert entwickeln, um diese Herausforderungen gemeinsam und kreativ anzugehen.

Dieses Buch vermittelt eine einfache, aber kraftvolle und eindeutige Botschaft im Hinblick auf unsere Zukunft und auf die Welt, die wir unseren Kindern hinterlassen wollen.

Kein Geschwafel, nur Fakten.

Es ist ein klarer Appell zum Handeln.

Das 21. Jahrhundert ist die Epoche, in der wir unseren Planeten vor uns selbst retten.

KAPITEL 1:
DIE GESCHICHTE UNSERES PLANETEN

DIE
VERGANGENHEIT
IST DAS FENSTER,
DURCH DAS WIR
UNSERE ZUKUNFT
BETRACHTEN
MÜSSEN.

Unser Universum ist 13,8 Milliarden Jahre alt.[1]

Am Anfang stand der Urknall, der die gesamte Materie im Universum schuf und nach außen sprengte.[2, 3]

In einer 380 000 Jahre andauernden Ausdehnungsphase kühlte die neu entstandene Materie ab, sodass negativ geladene Elektronen von positiv geladenen Protonen eingefangen werden konnten und Wasserstoffgas bildeten.[4]

Es gab keine Galaxien, keine Sterne, keine Planeten, keine Menschen, kein Leben – nur eine sich ausdehnende Gaswolke.

Unser Universum besteht aus 5 % gewöhnlicher Materie und Energie, 27 % Dunkler Materie und 68 % Dunkler Energie.[1]

Die Schwerkraft zog an der unregelmäßigen Gaswolke und ließ Klumpen entstehen, aus denen sich Galaxien bildeten.[5]

Innerhalb jeder Galaxie zog die Schwerkraft die Materie zusammen – Milliarden und Abermilliarden von Sternen wurden geboren.[6]

Der immense Gravitationsdruck in jedem Stern ließ die Wasserstoffatome kollidieren und verschmelzen, es entstand Helium, riesige Mengen an Energie wurden freigesetzt: Die Sterne leuchteten hell am Nachthimmel.[7]

Während jeder einzelne Stern weiterbrennt, kollidieren und verschmelzen auch Wasserstoff und Helium weiter, wodurch schwerere Elemente, wie z. B. Kohlenstoff entstehen.[8]

Diese schwereren Elemente kollidieren und verschmelzen ebenfalls und bilden die folgenden Elemente: Lithium, Beryllium, Bor, Kohlenstoff, Stickstoff, Sauerstoff, Fluor, Neon, Natrium, Magnesium, Aluminium, Silicium, Phosphor, Schwefel, Chlor, Argon, Kalium, Calcium, Scandium, Titan, Vanadium, Chrom, Mangan und Eisen.[8]

Die Elemente von Wasserstoff bis Eisen im Periodensystem haben bei der Entstehung der Planeten große Bedeutung.[9]

Elemente, die schwerer sind als Eisen, erfordern bei ihrer Entstehung einen erheblichen Energieaufwand. Sie werden nicht in einem Stern erzeugt, sondern entstehen, wenn ein massereicher Stern (10- bis 25-mal größer als unsere Sonne) als Supernova explodiert.[10]

Wir alle sind aus Sternenstaub gemacht.

Unser Sonnensystem entstand durch den Gravitationskollaps einer riesigen interstellaren Gaswolke vor 4568 Milliarden Jahren.[11]

Unsere Sonne macht 99,86 % der Masse des Sonnensystems aus. 90 % der restlichen Masse sind in den großen Gasriesen Jupiter und Saturn enthalten.[12]

Unser Heimatplanet, die Erde, ist 149,6 Millionen Kilometer von der Sonne entfernt: die optimale Entfernung (nicht zu heiß und nicht zu kalt), damit flüssiges Wasser an der Oberfläche existieren kann.[13]

Unser Planet besitzt genügend Wasser und Kohlenstoff an der Oberfläche, um Leben zu ermöglichen.[14]

Der Mond läuft recht nah um die Erde und sorgt durch seine Anziehungskraft für eine langfristige Stabilisierung der Erdachse.[15]

Das erste Leben auf der Erde tauchte vor 3,77 bis 4,28 Milliarden Jahren in Form von Bakterien auf.[16]

37 % deiner DNA stammen von diesen uralten Bakterien.[17]

Komplexere „eukaryotische" Zellen, also jene mit Zellkernen und anderen inneren Strukturen, entstanden vor 2,1 bis 1,6 Milliarden Jahren.[18]

28 % deiner DNA stammen von den frühen Eukaryoten.[17]

Die heute bekanntesten Tiergruppen entstanden erst in einer Phase rasanter Diversifizierung, die vor etwa 541 Millionen Jahren begann und als Kambrische Explosion bekannt ist.[20]

16 % deiner DNA stammen von diesen seltsamen frühen Lebewesen, die sich in den uralten tropischen Flachmeeren entwickelten.[17]

37 % DEINER DNA STAMMEN VON URALTEN BAKTERIEN.

Wirbeltiere gibt es seit etwa 525 Millionen Jahren. Deine frühesten Vorfahren mit Rückgrat waren Filtrierer, die ihre Nahrung aus dem Schlamm des Meeresbodens der alten tropischen Flachmeere heraussiebten.[21]

13 % deiner DNA stammen von diesen wurmartigen frühen Wirbeltieren.[17]

Die ersten Säugetiere tauchten vor etwa 225 Millionen Jahren auf, gegen Ende der Trias.[22]

Säugetiere zeichnen sich dadurch aus, dass sie Fell oder Haare, drei Knochen im Innenohr und einen Neocortex haben. Dazu verfügen die weiblichen Tiere über milchproduzierende Drüsen.[23]

Der Neocortex ist die Region des Gehirns, die höhere Funktionen wie die Sinneswahrnehmung, die Erzeugung von motorischen Befehlen und das räumliche Denken steuert. Beim Menschen ermöglicht der Neocortex das bewusste Denken und die Sprache.[24]

170 Millionen Jahre lang beherrschten die Dinosaurier unseren Planeten. Unsere Vorfahren (Nagetiere und kleine, nachtaktive Säugetiere mit einem Gewicht von nur zwei Gramm) blieben in ihrem Schatten.[25]

Die Vorherrschaft der nicht flugfähigen Dinosaurier endete mit ihrem Aussterben vor 66 Millionen Jahren infolge einer langen Periode globaler Klimaveränderungen und eines Meteoriteneinschlags.[26]

Vulkanausbrüche in ganz Indien, die fast eine Million Jahre andauerten, schleuderten Milliarden Tonnen von Kohlenstoffdioxid in die Atmosphäre mit dem Ergebnis, dass sich die Erde erwärmte und die ersten Dinosaurier ausstarben.

Für ihr endgültiges Aus sorgte der verheerende Einschlag eines Meteoriten in Mittelamerika, der die Oberfläche unseres Planeten mitsamt seiner Pflanzenwelt zerstörte.[26]

Unsere Säugetiervorfahren überlebten, indem sie sich von Insekten und Wasserpflanzen ernährten. Viele Menschen besitzen noch heute das Enzym Chitinase, das die Verdauung von Insekten ermöglicht.[27]

Säugetiere entwickelten sich und konnten viele ökologische Nischen füllen, welche die Dinosaurier hinterlassen hatten.[28]

Echte Primaten und in Gruppen lebende Affen entwickelten sich vor 55 Millionen Jahren, während einer Periode extremer globaler Erwärmung, die als Paläozän/Eozän-Temperatur-Maximum (PETM) bezeichnet wird.[29]

Das Leben in größeren Gruppen bedeutete, dass die Individuen ein komplexes Geflecht von Freundschaften, Hierarchien und Rivalitäten aushandeln mussten – genauso wie wir heute.[30]

6 % deiner DNA stammen von diesen ersten Primaten.[17]

Vor 10 bis 5 Millionen Jahren entwickelten unsere Vorfahren die Fähigkeit, sich erfolgreich aufrecht auf zwei Beinen fortzubewegen.[31, 32, 33]

Unsere aufrecht gehenden Vorfahren begannen vor rund 3,3 Millionen Jahren, Steinwerkzeuge zu benutzen.[34]

Rasche Klimaveränderungen in Afrika vor 1,8 Millionen Jahren trieben die Evolution der Hominiden-Arten voran, darunter *Homo erectus*, dessen Gehirn bis zu 80 % größer war als das seiner Vorfahren.[35]

Homo erectus war der erste unserer Vorfahren, der Afrika verließ und sich in Asien, Europa und Australasien ausbreitete.[36]

Das größere Gehirn des *Homo erectus* ging mit weiteren bedeutsamen Veränderungen in seiner Lebensgeschichte einher:

verkürzte Abstände zwischen Geburten,
verzögerte Entwicklung des Kindes,
Beckenform zum Gebären von Kindern mit größerem Kopf,
Morphologie der Schulter zum Gebrauch von Wurfwaffen,
Anpassungen des Körpers an Langstreckenläufe
und soziales Verhalten.[37, 38, 39, 40, 41, 42, 43]

Vor 1,8 bis 1,0 Millionen Jahren domestizierten unsere Vorfahren das Feuer.[44]

Unsere Spezies, *Homo sapiens*, erschien vor 300 000 Jahren in Ostafrika und breitete sich nach Eurasien aus.[45]

Vor 150 000 Jahren gab es erste Hinweise auf symbolisches Verhalten, belegt durch die Funde von Muschelgravuren, Ockerstücken und Muschelperlen.[46]

Vor 60 000 Jahren tauchte *Homo sapiens*, der moderne Mensch, in Ostafrika auf. Sein kreatives Denken, das sich in der Kunst, in Ornamenten und im symbolischen Verhalten ausdrückt, ist nun durchgängig belegt.[47]

Die Komplexität und Verbreitung des kreativen Denkens nahmen stetig zu. Es wurde kontinuierlich mehr Wissen generiert und an die nächste Generation weitergegeben.[48]

Der moderne Mensch breitete sich auf allen Kontinenten der Welt aus.[49]

Unsere kumulative Kultur lässt unser Wissen mit jeder Generation anwachsen.[50]

Dieser Prozess beschleunigt sich kontinuierlich und hat den Menschen in die Lage versetzt, sich zum Spitzenprädator der Welt zu entwickeln und die Vorherrschaft auf dem Planeten für sich zu beanspruchen.[51]

JETZT ERSCHAFFEN WIR DEN GLOBALEN KLIMAWANDEL.

Klimaveränderungen in Afrika schufen den modernen Menschen.[23]

Jetzt erschaffen wir den globalen Klimawandel.[51]

Dieser Klimawandel droht uns zu zerstören.[51]

Wir müssen all unsere evolutionären Gaben nutzen, um uns und unseren Planeten zu retten.

KAPITEL 2:
DIE GESCHICHTE DER MENSCHHEIT

**DIE GESCHICHTE
LEHRT UNS
LEKTIONEN,
DIE WIR NICHT
LERNEN WOLLEN –
ABER LERNEN
MÜSSEN, WENN
WIR ÜBERLEBEN
WOLLEN.**

Zunächst entwickelten wir uns in Afrika und breiteten uns dann in allen Winkeln der Erde aus.[1]

JÄGER UND SAMMLER

Homo sapiens fegte über den Erdball hinweg.[1]

Er zog von Afrika nach Europa, Asien und Australasien.[1]

Vor 12 000 Jahren breiteten wir uns über die Beringsee auf dem amerikanischen Kontinent aus.[2]

Am Ende der letzten Eiszeit hatten wir alle großen Landmassen der Erde mit Ausnahme der Antarktis erreicht.[3]

In jedem neuen Landstrich schlachteten wir alle großen Tiere ab, die Megafauna.[4]

Vor 10 000 Jahren hatten wir 4 % aller Säugetierarten ausgelöscht.[4]

Afrika verlor 18 %, Eurasien 36 %, Nordamerika 72 %, Südamerika 83 % und Australien 88 % seiner Großsäugetiere.[4]

Dieses Gemetzel wurde von einer Bevölkerung begangen, die weniger als 10 Millionen Menschen zählte.[5]

Das bestätigt unseren Status als weltweiter Spitzenprädator.[6]

Wir benötigen etwa 120 Watt Nahrungsenergie pro Tag, wenn wir ruhen. Dies entspricht der Leistung von zwei altmodischen Glühbirnen.[7]

Unsere Vorfahren, die Jäger und Sammler, verbrauchten das Äquivalent von etwa sechs Glühbirnen, d. h. über 300 Watt Energie pro Tag, um Nahrung zu beschaffen und zuzubereiten sowie um Feuer zu machen und am Brennen zu halten.[7]

AGRARWIRTSCHAFT

Das Ende der letzten Eiszeit und die Auslöschung der Megafauna trieben uns dazu, die Pflanzen und Tiere zu domestizieren.[8]

Die Landwirtschaft entstand unabhängig voneinander an mindestens 14 Orten auf der Welt:[9]

vor 10 500 Jahren in Südwestasien, Südamerika und Zentralostasien.[9]

vor 7000 Jahren entlang des Jangtse und des Gelben Flusses in China und in Mittelamerika.[9]

vor 5000 Jahren in den Savannengebieten Afrikas, Indiens, Südostasiens und Nordamerikas.[9]

Frühe Bauern ermöglichten die erste Energierevolution, indem sie durch landwirtschaftliche Tätigkeiten 2000 Watt Energie pro Tag erzeugten, das Äquivalent von etwas mehr als 30 Glühbirnen.[7]

Die Bauern breiteten sich auf der ganzen Welt aus und verdrängten die Jäger und Sammler in die Randgebiete, in Bereiche, die für die Landwirtschaft ungeeignet waren.[8]

Wir begannen ein Leben in kleinen Gemeinden, Dörfern und Städten.

Das enge Zusammenleben mit domestizierten Tieren brachte neue Infektionskrankheiten hervor.[10]

Die 25 meistverbreiteten menschlichen Krankheiten lassen sich in zwei Arten unterteilen – Tropenkrankheiten und Krankheiten der gemäßigten Breiten.[10]

Zu den zehn schweren Tropenkrankheiten gehören die Chagas-Krankheit, Cholera, das hämorrhagisches Dengue-Fieber, Ost- und Westafrikanische Schlafkrankheiten, Malaria (ausgelöst durch Plasmodium falciparum oder Plasmodium vivax), tropisches Gelbfieber, AIDS und viszerale Leishmaniase.[10]

Die meisten dieser Krankheiten werden von Insekten übertragen und verursachen Langzeitfolgen, die Monate oder auch Jahrzehnte andauern können. Sie haben sich über

Millionen von Jahren zusammen mit dem Menschen in Afrika entwickelt.[10]

Zu den 15 wichtigsten Krankheiten in der gemäßigten Zone gehören Hepatitis B, Influenza A, Masern, Mumps, Keuchhusten, Pest, Rotavirus A, Röteln, Pocken, Syphilis, Diphtherie, Tetanus, Tuberkulose, Typhus und Fleckfieber.[10]

Zu diesen Krankheiten in der gemäßigten Zone sind in letzter Zeit die Asiatische Grippe (1956), SARS (2002), H7N9 (2013) und Covid-19 (2019/20) hinzugekommen.

Entweder man stirbt an diesen Krankheiten oder man überlebt sie mit einer lang anhaltenden Immunität.[10]

Wo viele Menschen dicht beieinander leben, verursachen diese Krankheiten Epidemien.[10]

Die frühe Landwirtschaft war so erfolgreich, dass auf jedem Kontinent große Reiche entstanden und wieder untergingen.[8]

Die Abholzung von Wäldern für landwirtschaftlich genutzte Flächen führt dazu, dass Kohlenstoffdioxid in der Atmosphäre freigesetzt wird.[11]

Mit der Tätigkeit der frühen Bauern stieg der Kohlenstoffdioxidgehalt in der Atmosphäre von 260 ppm *(parts per million)* vor etwa 7000 Jahren auf 280 ppm zu Beginn der Industriellen Revolution im 18. Jahrhundert.[11]

Ein Anstieg von 0,003 ppm im Jahr.[11]

Der Nassreisanbau und Wiederkäuer wie Rinder, Schafe und Ziegen produzieren große Mengen an Methan.[12]

Mit Beginn der Landwirtschaft stieg der Methangehalt in der Atmosphäre von 580 ppb *(parts per billion)* vor etwa 5000 Jahren auf 720 ppb zu Beginn der Industriellen Revolution.[12]

Ein Anstieg von 0,03 ppb pro Jahr.[12]

Mit Beginn der Landwirtschaft erhöhte sich die Konzentration dieser beiden starken Treibhausgase in der Atmosphäre gerade so weit, dass der Beginn einer neuen Eiszeit verhindert wurde.[13]

Im 16. Jahrhundert war die Bevölkerung auf 425 bis 540 Millionen Menschen angewachsen.[14]

HANDELSKAPITALISMUS

Die Geografie Europas brachte eine Vielzahl kleiner, unabhängiger Königreiche hervor, die kontinuierlich Krieg gegeneinander führten.[8]

Diese starke Konkurrenz und Rivalität in Europa trieben die Europäer dazu, nach neuen Ländern Ausschau zu halten, die sie erobern und kolonisieren konnten.[8]

INNERHALB VON 100 JAHREN KAMEN 56 MILLIONEN INDIGENER MENSCHEN AUF DEM AMERIKANISCHEN KONTINENT UM.

Der erste Kontakt zwischen Europa und Amerika fand 1492 statt, als Christoph Kolumbus auf den Bahamas ankam.[15]

Innerhalb von 100 Jahren kamen 56 Millionen indigener Menschen auf dem amerikanischen Kontinent um.[16]

90 % der indigenen Bevölkerung starben – ein Anteil von 10 % der Weltbevölkerung.[16]

Dieses „Große Sterben" führte zu einer Sterblichkeitsrate, die im Verhältnis zur Weltbevölkerung alle bisherigen Ereignisse bei Weitem übertraf.[16]

Lediglich im Zweiten Weltkrieg wurden noch mehr Menschen getötet.

Die amerikanische indigene Bevölkerung war nie zuvor mit den eurasischen Krankheitserregern in Berührung gekommen und besaß keine natürliche Immunität gegen Influenza, Pocken oder Masern.[17, 18, 19]

Kriege, Hungersnöte und koloniale Gräueltaten vervollständigten das Massaker.[20, 21]

Mit der Ankunft der Europäer auf dem amerikanischen Kontinent entstanden die ersten globalen Handelskreisläufe.[22]

Industriegüter aus Europa, wie Stoffe und Kupfer, wurden in Afrika gegen afrikanische Sklaven eingetauscht.[22]

90 % DER INDIGENEN BEVÖLKERUNG STARBEN – EIN ANTEIL VON 10 % DER WELTBEVÖLKERUNG.

Die Sklaven wurden nach Amerika gebracht und beim Anbau von Baumwolle und Genussmitteln wie Zucker und Tabak eingesetzt, die dann nach Europa verkauft wurden.[22]

Mexikanisches und bolivianisches Silber wurde in das von Spanien beherrschte Manila exportiert, um es bei chinesischen Händlern gegen Seidenstoffe, Porzellan und andere Luxusgüter einzutauschen, die dann in Europa verkauft wurden.[22]

So begann die globale Durchmischung von Menschen, Pflanzen und Tieren, die bis heute anhält.[22]

Der amerikanische Kontinent bekam: Weizen, Reis, Zucker, Bananen, Pferde, Schweine, Vieh, Ziegen, Hühner, epidemische Krankheiten und Sklaven.[22]

Eurasien und Afrika bekamen: Mais, Maniok, Kartoffeln, Süßkartoffeln, Bohnen, Erdnüsse, Kürbisse, Tomaten, Chilischoten, Avocados, Ananas, Kakao und Tabak.[22]

Die europäischen Bestrebungen, ihren Einflussbereich zu erweitern, führten auch zu einer Renaissance der Wissenschaften.[23]

1543 legte Nikolaus Kopernikus in seinem Buch *Über die Kreisbewegungen der Weltkörper* dar, dass die Erde sich um die Sonne dreht.

1620 erklärte Francis Bacon in seinem Buch *Das Neue Instrument der Wissenschaften*: „Wissen ist Macht".

Im Jahr 1687 veröffentlichte Isaac Newton seine *Philosophiæ Naturalis Principia Mathematica.*

Der Handelskapitalismus gründete auf Investitionen in Überseegebieten, um sich an den dortigen Ressourcen zu bereichern, und schürte Konkurrenz unter den herrschenden Eliten, was die intensive Ausbeutung der kolonialisierten Länder zur Folge hatte.[24]

Mehr als 10 Millionen Sklaven wurden nach Amerika verschleppt, wo sie Exportfrüchte anbauen und in den Silberminen arbeiten mussten.[25]

Die ersten globalen Megakonzerne wurden gegründet.[26]

Die Niederländische Ostindien-Kompanie kolonialisierte das heutige Indonesien und verfügte 1669 über 150 Handelsschiffe, 40 Kriegsschiffe, 50 000 Angestellte und eine Privatarmee bestehend aus 10 000 Soldaten.[27]

Die Britische Ostindien-Kompanie kolonialisierte das heutige Indien, Bangladesch und Pakistan. Auf dem Höhepunkt ihrer Herrschaft in Indien im Jahr 1803 verfügte die Kompanie über eine Privatarmee von etwa 260 000 Mann und war damit doppelt so groß wie die damalige britische Armee.[28]

Diese Unternehmen kontrollierten weite Regionen der Welt: Sie konnten Aufstände niederschlagen sowie Menschen inhaftieren und hinrichten. Im Grunde konnten sie alles tun, was sie für akzeptabel hielten, um Gewinne zu erzielen.[26]

INDUSTRIELLER KAPITALISMUS

In der zweiten Hälfte des 18. Jahrhunderts fand die Industrielle Revolution an einem einzigen Ort statt: in Großbritannien.[29]

Innerhalb von 50 Jahren hatte sie sich in ganz Europa, Nordamerika und Japan ausgebreitet. Und breitet sich noch heute weiter aus.[29]

Die Industrielle Revolution wurde angetrieben durch:

den erheblichen Anstieg der Bevölkerung Großbritanniens zwischen dem 16. und 18. Jahrhundert, bedingt durch die gesteigerte landwirtschaftliche Produktivität und den Import von Nahrungsmitteln aus den Kolonien;[30]

die Entwicklung einer großen städtischen Arbeiterklasse, da weniger Menschen zur Bewirtschaftung der Felder nötig waren;[30]

das Fehlen von internen Handelsschranken innerhalb Großbritanniens, die den Handel hätten behindern können;[3]

Großbritanniens reichhaltiges Angebot an natürlichen Kohlevorräten, die die wasserbetriebenen Mühlen und holzverbrennenden Fabriken ersetzen konnten;[30]

die auf die britische koloniale Ausbeutung gegründete große, wohlhabende Klasse der Kapitalisten;[30]

die konstitutionelle Monarchie und die Möglichkeit des Staates, Gesetze und Eigentumsrechte durchzusetzen. Dies ermöglichte es Risikokapitalgebern, potenziell profitable technologische Innovationen zu finanzieren;[3]

die Finanzierung wissenschaftlicher Forschung durch die viktorianischen Superreichen. Dies führte zu neuen Entdeckungen und Erfindungen in allen erdenklichen Bereichen, von neuen Medikamenten bis zur Evolutionstheorie und von der Fotografie bis zur Eisenbahn.[30]

Im Jahr 1804 erreichte die Weltbevölkerung erstmals die Grenze von einer Milliarde Menschen.[31]

Bereits 123 Jahre später, im Jahr 1927, hatte sie sich auf 2 Milliarden Menschen verdoppelt.[31]

Grund dieses Bevölkerungszuwachses war, dass übertragbare Krankheiten durch die Verbesserung der sanitären Einrichtungen und die Trinkwasserversorgung unter Kontrolle gebracht wurden.[30]

Die Zweite Industrielle Revolution begann 1870 mit dem Ausbau der Eisenbahn und des Telegrafenwesens, mit der groß angelegten Stahl- und Eisenproduktion, der Nutzung von Dampfkraft und Erdöl sowie der Elektrifizierung.[30]

Die Industrielle Revolution eröffnete das Zeitalter der Umweltverschmutzung: Abfälle wurden in Flüsse, Seen, Ozeane, in die Böden und in die Atmosphäre geleitet.[32]

IM JAHR 1804 ERREICHTE DIE WELTBEVÖLKERUNG ERSTMALS DIE GRENZE VON EINER MILLIARDE MENSCHEN.

BEREITS 123 JAHRE SPÄTER, IM JAHR 1927, HATTE SIE SICH AUF 2 MILLIARDEN VERDOPPELT.

Der CO_2-Gehalt der Luft stieg von 280 ppm *(parts per million)* zu Beginn der Industriellen Revolution auf 310 ppm beim Ausbruch des Zweiten Weltkriegs an.[33]

Ein Anstieg von 0,3 ppm pro Jahr, also 100 Mal schneller als in den vorangegangenen 5000 Jahren.[33]

Am Ende dieser Industriellen Revolution verbrauchten die Menschen täglich über 6000 Watt Energie, was mehr als 100 Glühbirnen entspricht.[7]

KONSUMKAPITALISMUS

Die Industrielle Revolution brachte nicht nur neue Produktionstechniken hervor, sondern auch effizientere Möglichkeiten, Menschen umzubringen.[34]

Der Erste Weltkrieg (1914–1918) war mit über 17 Millionen Toten und über 20 Millionen Verwundeten einer der tödlichsten Kriege der Geschichte.[35]

Man sprach von einem „Krieg, um alle Kriege zu beenden".[36]

Doch nur 21 Jahre später stand Europa im Zentrum des Zweiten Weltkriegs.[35]

Dieser Krieg kostete zwischen 50 und 80 Millionen Menschen das Leben.[35]

Am Ende des Zweiten Weltkriegs trafen sich die mächtigsten Staaten, um eine neue Weltordnung zu errichten.[35]

1944 legten die USA, Großbritannien, die Sowjetunion und China auf der Konferenz von Dumbarton Oaks in Washington, D.C., die Grundlage für die Charta der Vereinten Nationen von 1945 sowie für den UN-Sicherheitsrat.[35]

1944 trafen sich alle 44 Teilnehmerstaaten in Bretton Woods, New Hampshire, und vereinbarten, die Wechselkurse durch ihre Bindung an den US-Dollar zu kontrollieren. Der US-Dollar wiederum war an den Goldpreis gekoppelt.[35]

Auf der Konferenz von Bretton Woods wurde auch der Internationale Währungsfonds gegründet, um Wechselkurse und Weltwirtschaft aufrechtzuerhalten.[35]

Eine neue globale Finanzarchitektur war geboren.[35]

Die Vereinigten Staaten wurden zum mächtigsten Land der Erde, und es gelang ihnen, mit dem Einsatz ihrer „Soft Power" ihre kulturellen Werte in aller Welt durchzusetzen. Dazu gehörte auch der Massenkonsum mit seinen ständig wachsenden Umweltauswirkungen.[37]

Das Allgemeine Zoll- und Handelsabkommen (GATT, *General Agreement on Tariffs and Trade*) trat 1948 in Kraft und führte zu einer Liberalisierung des Welthandels.[38]

Die „Große Beschleunigung" hatte begonnen.[39]

IM JAHR 1950 LEBTEN 2,5 MILLIARDEN MENSCHEN AUF DER ERDE.

Der Welthandel wuchs von 1948 bis 2005, als das GATT in die Welthandelsorganisation WTO (*World Trade Organization*) überführt wurde, um mehr als 6 % pro Jahr.[38]

Der Kalte Krieg zwischen dem Westen und dem Sowjetblock rief ein wirtschaftliches Wettrüsten hervor, in dem beide Seiten die Industrialisierung am schnellsten und effektivsten voranbringen wollten.[40]

Dies führte zu den größten jemals dagewesenen Investitionen in die Wissenschaft, da alle Beteiligten versuchten, sich einen Wettbewerbsvorteil zu verschaffen.[40]

Im Jahr 1986 erreichten wir mit 69 368 einsatzbereiten Atomwaffen den Höhepunkt im „Gleichgewicht des Schreckens".[41]

Wissenschaftliche Erkenntnisse drohten nun die menschliche Zivilisation auszulöschen.

Die Entwicklung neuer Medikamente verbesserte die Lebensbedingungen und führte zu einem Rückgang der Kindersterblichkeit; die Grüne Revolution in der Landwirtschaft sorgte für einen kontinuierlichen Anstieg der Nahrungsmittelproduktion.[42]

Im Jahr 1950 lebten 2,5 Milliarden Menschen auf der Erde.[43]

Im Jahr 2020 betrug die Weltbevölkerung 7,8 Milliarden Menschen.[43]

IM JAHR 2020 BETRUG DIE WELTBEVÖLKERUNG 7,8 MILLIARDEN MENSCHEN.

Ein Anstieg von mehr als 5 Milliarden in 70 Jahren.[43]

Der Energieverbrauch der rasant anwachsenden Bevölkerung schoss während der „Großen Beschleunigung" in die Höhe.[42]

Ein durchschnittlicher Amerikaner verbraucht heute über 10 000 Watt pro Tag, um sein Auto, sein Haus, sein Büro und den Rest seines Lebens mit Strom zu versorgen. Dieser Verbrauch entspricht dem Betrieb von etwa 160 altmodischen Glühbirnen – im Vergleich zu nur sechs Glühbirnen unserer Jäger-und-Sammler-Vorfahren.[7]

Heute verbraucht die Menschheit etwa 17 Billionen Watt pro Tag – 280 Milliarden Glühbirnen.[44]

Dies entspricht der Energie, die durch Fotosynthese in der Hälfte aller Regenwälder weltweit gewonnen wird.[7]

Bis 1980 schalteten sich die Regierungen kontinuierlich in das internationale Wirtschaftssystem ein: Sie investierten in Zeiten der Rezession und regulierten in Zeiten des Booms.[45]

Seit den 1980er-Jahren und dem Niedergang des Kommunismus ist der Neoliberalismus die vorherrschende Wirtschaftstheorie der westlichen Regierungspolitik.[45]

HEUTE VERBRAUCHT DIE MENSCHHEIT ETWA 17 BILLIONEN WATT PRO TAG – 280 MILLIARDEN GLÜHBIRNEN.

Weniger staatliche Eingriffe, weniger Regulierung, weniger Kontrolle, mehr individuelle Freiheit, mehr globaler Handel, weniger Unterstützung für die Schwächeren in der Gesellschaft waren die Devise.[45]

Eine erste Zäsur gab es im Jahr 2008, als die Regierungen das globale Wirtschaftssystem retten mussten.[45]

Ein erneuter Einschnitt erfolgte 2020, als die Regierungen die Wirtschaft runterfuhren, um die Menschen vor Covid-19 zu schützen.[46]

Der CO_2-Gehalt der Atmosphäre stieg von 310 ppm während des Zweiten Weltkriegs auf über 412 ppm im Jahr 2020.[33]

Das ist ein Zuwachs von durchschnittlich 1,3 ppm pro Jahr, also viermal schneller als in den vorangegangenen 100 Jahren und 400-mal schneller als in den letzten 5000 Jahren.[33]

KAPITEL 3:
DER ZUSTAND UNSERER WELT

DIE MENSCHHEIT
IST DIE NEUE
GEOLOGISCHE
SUPERMACHT.

WIR
KONTROLLIEREN
JETZT DIE
UMWELT UND DIE
ENTWICKLUNG DES
LEBENS AUF DER
ERDE.

Zum ersten Mal in der 4,5 Milliarden Jahre alten Geschichte unseres Planeten diktiert eine einzige Spezies, nämlich der Mensch, seine Zukunft.[1]

Unser Einfluss auf die Umwelt hat die gleichen immensen Folgen wie ein riesiger Meteorit, Megavulkane oder die Bewegung der Kontinentalplatten.[1]

Wir sind jetzt die neue geologische Supermacht und haben die Erde in ein neues geologisches Zeitalter geführt: das Anthropozän.[1]

Wir haben so viel Beton produziert, dass wir die gesamte Erdoberfläche mit einer zwei Millimeter dicken Schicht bedecken könnten.[2]

Wir bewegen jedes Jahr mehr Erde, Gestein und Sediment als alle natürlichen Prozesse auf unserem Planeten zusammen.[3]

Wir haben mehr als 170 000 synthetische, mineralähnliche Substanzen hergestellt, beispielsweise alle Arten von Kunststoffen, Beton, Stahl, Keramik und eine Vielzahl künstlicher Medikamente (es gibt rund 5000 „natürliche" Mineralien).[4]

Es gibt 1,4 Milliarden Kraftfahrzeuge, 2 Milliarden Computer und mehr Mobiltelefone als Menschen auf der Erde.[5]

Wir produzieren über 300 Millionen Tonnen Plastik pro Jahr.[6] Das entspricht dem Gewicht einer Milliarde afrikanischer

WIR BEWEGEN JEDES JAHR MEHR ERDE, GESTEIN UND SEDIMENT ALS ALLE NATÜRLICHEN PROZESSE AUF UNSEREM PLANETEN ZUSAMMEN.

ES GIBT MEHR KLEINE LEGO-FIGUREN AUF DER WELT ALS ECHTE MENSCHEN.

Elefanten oder dem Gewicht aller Menschen auf der Erde zusammen.

Plastikabfälle schwimmen in jedem Ozean unseres Planeten. Sogar im Marianengraben wurde in 10 984 Meter Tiefe eine Plastiktüte gefunden.[7]

Es gibt mehr kleine LEGO-Figuren auf der Welt als echte Menschen.[8]

Fabriken und landwirtschaftliche Unternehmen binden mehr Stickstoff in der Atmosphäre als alle natürlich vorkommenden Prozesse zusammengenommen – zuletzt war der biogeochemische Stickstoffkreislauf derart stark gestört, als vor über 2 Milliarden Jahren der Sauerstoffgehalt in der Atmosphäre zu steigen begann.[9]

Du bist einer von 7,8 Milliarden Menschen auf der Welt.[10]

Seit Beginn der Zivilisation haben wir insgesamt 3 Billionen Bäume gefällt, das sind mehr als die Hälfte aller Bäume auf unserem Planeten.[11]

Das derzeitige Gewicht aller Landsäugetiere der Welt setzt sich zusammen aus 30 % Menschen, 67 % Nutztieren und 3 % Wildtieren.

Vor 10 000 Jahren machten die Wildtiere 99,95 % des Gesamtgewichts aus.[12]

IN DEN VERGANGENEN RUND 400 JAHREN SIND NACHWEISLICH 789 ARTEN AUSGESTORBEN.

Wir holen jedes Jahr 80 Millionen Tonnen Fisch aus dem Meer. Weitere 80 Millionen Tonnen stammen aus Fischfarmen.[13]

Auf landwirtschaftlich genutzten Flächen werden jährlich 4,9 Milliarden Stück Vieh gezüchtet und über 4,9 Milliarden Tonnen der fünf wichtigsten Nutzpflanzen angebaut: Zuckerrohr, Mais, Reis, Weizen und Kartoffeln.[14]

In den vergangenen rund 400 Jahren sind nachweislich 789 Arten ausgestorben, darunter 79 Säugetierarten, 129 Vogelarten, 21 Reptilienarten, 34 Amphibienarten, 81 Fischarten, 359 wirbellose Tierarten und 86 Pflanzenarten.[15]

Unsere Industrie, die Landwirtschaft und die veränderte Landnutzung haben seit Beginn der Industriellen Revolution Mitte des 18. Jahrhunderts den CO_2-Gehalt in der Atmosphäre um über 47 % und den Methangehalt um über 250 % erhöht.[16, 17]

Seit Beginn der Industriellen Revolution haben wir 2,2 Billionen Tonnen CO_2 in die Atmosphäre geleitet, was dem Gewicht von 20 Chinesischen Mauern entspricht.[18]

25 % dieses zusätzlichen, vom Menschen produzierten Kohlenstoffdioxids werden in den USA verursacht.

22 % dieses zusätzlichen Kohlenstoffdioxids erzeugt die Europäische Union.[19]

Weniger als 5 % fallen in Afrika an.[19]

UNSER AUSSTOSS ZUSÄTZLICHER TREIBHAUSGASE HAT DIE TEMPERATUR DER ERDE UM MEHR ALS 1 °C ANSTEIGEN LASSEN.

Der CO_2-Gehalt in der Atmosphäre ist heute höher als er in den vergangenen 3 Millionen Jahren je war.[20]

Treibhausgase sind ein natürlicher Bestandteil des Klimasystems der Erde.[21]

Treibhausgase absorbieren und reflektieren einen Teil der von der Erdoberfläche abgegebenen Wärmestrahlung und erwärmen so die untere Schicht der Atmosphäre.[21]

Die häufigsten und stärksten Treibhausgase in unserer Atmosphäre sind – in der Reihenfolge ihrer Auswirkungen – Wasserdampf, Kohlenstoffdioxid, Methan, Distickstoffoxid (Lachgas) und Fluorchlorkohlenwasserstoffe (FCKWs).[21]

Ohne Treibhausgase in der Atmosphäre läge die durchschnittliche Oberflächentemperatur der Erde bei etwa -20 °C.[21]

Unser Ausstoß zusätzlicher Treibhausgase hat die Temperatur der Erde um mehr als 1 °C und den Meeresspiegel seit Beginn des 20. Jahrhunderts um mehr als 20 Zentimeter ansteigen lassen.[21]

Der steigende CO_2-Gehalt in der Atmosphäre führt zu einer Versauerung der Ozeane und beeinträchtigt damit das Leben in den Meeren der Erde.[22]

Unsere Ozeane erwärmen sich stetig und haben bereits über 2 % ihres gelösten Sauerstoffs verloren, der für das Leben im Meer unerlässlich ist.[23]

Die Wissenschaft des Klimawandels ist über 180 Jahre alt.[24]

Die Beweise für den Klimawandel sind eindeutig.[25]

Natürliche Ereignisse wie Sonnenfleckenaktivitäten und Vulkanausbrüche haben das Muster der Temperaturveränderungen in den vergangenen 150 Jahren ebenfalls beeinflusst, aber der allgemeine Erwärmungstrend ist auf die vom Menschen verursachten Treibhausgase zurückzuführen.[25]

Im Klimasystem der Erde sind erhebliche Veränderungen festzustellen:

Erwärmung der Landmassen auf der ganzen Welt,[26]
Erwärmung der Ozeane,[27]
Anstieg des Meeresspiegels auf der ganzen Welt,[28]
geringere Schneefälle auf der Nordhalbkugel,[29]
Rückgang des Meereises in der Arktis,[30]
Rückzug der Gletscher auf allen Kontinenten,[31]
Schrumpfen des grönländischen Eisschildes,[32]
Abschmelzen des antarktischen Eisschildes,[33]
Auftauen der Permafrostböden,[34]
früheres Einsetzen des Pflanzenwachstums im Frühjahr,[35]
Veränderungen der Vogelzugmuster,[36]
Verschiebungen in den geografischen Verbreitungsgebieten einiger Pflanzen- und Tierarten.[37]

All diese Veränderungen gehen mit der globalen Erwärmung Hand in Hand.[25]

DIE WISSENSCHAFT DES KLIMAWANDELS IST ÜBER 180 JAHRE ALT.

DIE BEWEISE FÜR DEN KLIMAWANDEL SIND EINDEUTIG.

Die Wettermuster haben sich verändert, und Extremwetterereignisse haben weltweit zugenommen, darunter:[25]

verheerende Stürme,[38]
massive Überschwemmungen,[39, 40]
schwere Dürreperioden,[41]
beispiellose Hitzewellen,[42]
unkontrollierbare Flächenbrände.[43]

Die 19 wärmsten Jahre zwischen 1880 und 2020 wurden alle innerhalb der letzten 20 Jahre aufgezeichnet.[44]

2016 ist das wärmste Jahr, das jemals registriert wurde.[44]

2020 ist das zweitwärmste Jahr seit Beginn der Aufzeichnungen.[44]

Wir sind nicht alle gleichermaßen für das Chaos verantwortlich, in dem wir stecken.

Die reichsten 10 % der Weltbevölkerung sind für 50 % der CO_2-Emissionen in der Atmosphäre verantwortlich.[45]

Die reichsten 50 % der Weltbevölkerung verursachen 90 % der Kohlenstoffverschmutzung in der Atmosphäre.[45]

Die ärmsten 3,9 Milliarden Menschen tragen gerade einmal 10 % zu der Kohlenstoffverschmutzung in unserer Atmosphäre bei.[45]

DIE REICHSTEN 50 % DER WELTBEVÖLKERUNG VERURSACHEN 90 % DER KOHLENSTOFFVERSCHMUTZUNG IN DER ATMOSPHÄRE.

**DIE ÄRMSTEN
3,9 MILLIARDEN
MENSCHEN TRAGEN
GERADE EINMAL
10 % ZU DER
KOHLENSTOFFVER-
SCHMUTZUNG IN
UNSERER ATMO-
SPHÄRE BEI.**

780 Millionen Menschen leben von weniger als 1,90 US-Dollar pro Tag.[46]

Die Hälfte dieser Menschen lebt in nur fünf Ländern: Indien, Nigeria, Demokratische Republik Kongo, Äthiopien und Bangladesch.[46]

4,5 Milliarden Menschen leben von weniger als 10 US-Dollar pro Tag.[46]

Arme Menschen in Entwicklungsländern müssen teilweise bis zu 80 % ihres Einkommens für Lebensmittel ausgeben.[47]

Amerikaner geben weniger als 10 % ihres Einkommens für Lebensmittel aus.[48]

75 % der weltweiten Nahrungsmittel werden aus nur zwölf Pflanzen- und fünf Tierarten gewonnen:[49]

> Diese Pflanzen sind: Maniok, Getreide, Mais, Kochbananen, Kartoffeln, Reis, Hirse, Sojabohnen, Zuckerrohr, Süßkartoffeln, Weizen und Yamswurzeln.[49]
>
> Diese Tiere sind: Kühe, Schweine, Hühner, Schafe und Ziegen.[49]

Wir produzieren genügend Nahrungsmittel, um 11 Milliarden Menschen zu ernähren.[50]

Heute leben 7,8 Milliarden Menschen auf der Erde.[10]

7 Millionen Kinder sterben jedes Jahr an Hunger und vermeidbaren Krankheiten.[51]

825 Millionen Menschen haben nicht genügend zu essen – vor fünf Jahren waren es 800 Millionen.[47]

Die Amerikaner verschwenden täglich Lebensmittel mit einem Gegenwert von 141 Billionen Kalorien. Das ergibt pro Jahr rund 165 Milliarden US-Dollar: viermal so viel wie der jährliche Lebensmittelimport von Afrika.

Mehr als neun von zehn landwirtschaftlichen Betrieben auf der Welt sind kleine Familienbetriebe. Sie stellen 80 % der weltweiten Nahrungsmittelversorgung sicher.

Die Landwirtschaft bietet Arbeitsplätze für rund 30 % der Weltbevölkerung und ist damit der größte Arbeitgeber der Welt.

Ein Achtel der Weltbevölkerung, fast eine Milliarde Menschen, lebt ohne Strom.

Dies ist der Zustand unseres Planeten.

Dies ist das Jahrhundert, in dem wir das Steuer herumreißen müssen.

KAPITEL 4:
DIE TAXONOMIE DES LEUGNENS

DIE GÖTTER SELBST
KÄMPFEN VER-
GEBLICH DARUM,
DEN EIGENNUTZ ZU
RECHTFERTIGEN.

Erkenne deine Gegner.

Widerlege ihre Argumente.

Mache sie zu deinen Verbündeten oder wende dich von ihnen ab.

Die fossile Brennstoffindustrie, politische Lobbyisten, Medienmogule und Einzelpersonen haben in den letzten 30 Jahren permanent Zweifel an der Realität des Klimawandels gesät – obwohl es keinen Zweifel gibt.

Die fünf größten staatlichen Öl- und Gasunternehmen der Welt geben rund 200 Millionen US-Dollar pro Jahr für Lobbyarbeit aus, um verbindliche klimapolitische Maßnahmen zu beeinflussen, zu verzögern oder ganz zu blockieren.[1]

Auch wenn wir die Umweltkrise ignorieren, in der sich unser Planet und unsere Spezies befinden, wird sie nicht verschwinden. Sie wird nur noch ernster und noch teurer.[2]

Die Politik darf nicht als Ausrede für die eigene Untätigkeit dienen. Lösungsansätze für den Klimawandel können über das gesamte politische Spektrum hinweg gefunden werden.

Unseren Planeten kümmert es wenig, welche Farbe unsere Partei hat oder wen wir wählen. Hauptsache, wir handeln.

Hüten wir uns vor den vier subtilen Ausprägungen des *Leugnens* …

WISSENSCHAFTSLEUGNEN

Wenn es schneit, erklären die Leugner, dass es keinen Klimawandel gibt.

Der Klimawandel wird nicht das Winterwetter aufhalten – aber die Winter können wärmer werden und feuchter und die Stürme häufiger.[3]

Leugner werden behaupten, dass der Klimawandel nur ein Teil des natürlichen Zyklus ist und dass sich das Klima ständig ändert.

Dies ist zutiefst irreführend.

Betrachtet man die vergangenen 2000 Jahre, so hat sich das Klima allein in den letzten 150 Jahren überall auf der Welt zur gleichen Zeit und in die gleiche Richtung verändert: Über 98 % der Oberfläche unseres Planeten hat sich erwärmt.[4]

Das ist nicht natürlich.

Leugner sagen, dass extreme Wetterereignisse einfach nur mit dem Wetter zu tun haben.

Die Zuordnungsforschung hat in den vergangenen fünf Jahren 113 Extremwetterereignisse untersucht und festgestellt, dass 70 % dieser Ereignisse aufgrund des Klimawandels mit einer höheren Wahrscheinlichkeit auftreten werden, und

26 % der Ereignisse weniger wahrscheinlich auftreten werden. Bei 4 % konnte keine Veränderung aufgrund des Klimawandels festgestellt werden.[5]

Leugner sagen, dass der Klimawandel auf Sonnenflecken oder galaktische kosmische Strahlung zurückzuführen ist.

Für diese Behauptung gibt es keine wissenschaftlichen Beweise.

Die Sonnenfleckenaktivität verstärkt nicht die Menge der Sonnenenergie, die auf die Erde trifft.[6]

Galaktische kosmische Strahlung hat nachweislich – wenn überhaupt – nur sehr geringe Auswirkungen auf das Klima.[7]

Leugner werden behaupten, dass CO_2 nur einen kleinen Teil der Atmosphäre ausmacht und daher keinen großen Erwärmungseffekt haben kann.

Dies ist sowohl falsch als auch unsinnig.

Seit über 150 Jahren misst die Wissenschaft die Fähigkeit des atmosphärischen Kohlenstoffdioxids, Wärme zu speichern, sowohl im Labor als auch in der Atmosphäre.[8]

Nur weil etwas in einer geringen Menge vorhanden ist, bedeutet das nicht, dass es eine geringe Wirkung hat. 0,1 Gramm Zyanid, etwa 0,0001 % des Körpergewichts eines Menschen, sind tödlich.[9]

Kohlenstoffdioxid macht derzeit 0,04 % der Atmosphäre aus und ist ein starkes Treibhausgas. Stickstoff macht 78 % der Atmosphäre aus und ist sehr reaktionsarm. Die Wirkung, nicht die Menge, ist entscheidend.[10]

Leugner werden behaupten, dass Wissenschaftler ihre Datensätze manipulieren, um einen Erwärmungstrend zu belegen.

Das ist nicht wahr und wäre höchst unpraktisch und unwahrscheinlich, denn dazu müssten sich Tausende von Wissenschaftlern in über 100 Ländern verschwören.[11]

Leugner sagen, dass die Klimamodelle unzuverlässig sind und zu empfindlich auf Kohlenstoffdioxid reagieren.

Hierfür gibt es keine Beweise.

Wir dürfen nicht ein einzelnes Modell als korrekt ansehen – sie bilden in ihrer Gesamtheit ein sehr komplexes globales Klimasystem ab. Allerdings haben sie seit den 1970er-Jahren die rapide Erwärmung um 1 °C über den Verlauf der letzten 100 Jahre zuverlässig vorhergesagt.[12]

ÖKONOMISCHES LEUGNEN

Leugner werden behaupten, dass es zu teuer ist, dem Klimawandel entgegenzuwirken.

Das ist falsch.

88 000 000 000 000 US-Dollar erwirtschaftete die Welt im vergangenen Jahr, was einem durchschnittlichen Wachstum von 3,5 % im Vergleich zum Vorjahr entspricht.[13]

Wirtschaftswissenschaftler sind der Meinung, dass wir den Klimawandel jetzt bewältigen können, wenn wir 1 % des weltweiten BIP dafür investieren.[2]

Diese Kosten könnten noch geringer sein, wenn wir die Einsparungen durch den besseren Gesundheitszustand der Menschen und durch die Ausweitung der globalen grünen Wirtschaft mit einrechnen.[14]

Wenn wir jetzt nicht handeln, dann werden die Kosten bis 2050 mehr als 20 % des weltweiten BIP betragen.[2]

Der Klimawandel ist zu teuer, um ihn nicht zu bekämpfen.[2]

Derzeit wird die fossile Brennstoffindustrie mit 5,2 Billionen US-Dollar subventioniert.[15]

Die höchsten Subventionen verteilen: China (1,4 Billionen US-Dollar), die USA (649 Milliarden US-Dollar), Russland (551 Milliarden US-Dollar), die EU (289 Milliarden US-Dollar) und Indien (209 Milliarden US-Dollar).[15]

Dies entspricht 6 % des weltweiten BIP.[15]

Man stelle sich nur vor, wieviel Positives man mit diesem Geld bewirken könnte.

BIS 2050 KÖNNTE DER KLIMAWANDEL MEHR ALS 20 % DES WELTWEITEN BIP KOSTEN.

HUMANITÄRES LEUGNEN

Leugner werden behaupten, der Klimawandel sei gut für uns.

Das ist falsch.

Leugner sagen, längere, wärmere Sommer in der gemäßigten Zone würden die Landwirtschaft produktiver machen.

Diese kleinen Vorteile werden durch die Auswirkungen extremer Wetterereignisse wie lang anhaltende Dürreperioden, massive Überschwemmungen und häufigere Hitzewellen wieder zunichte gemacht.[16, 17, 18, 19]

Die Hitzewelle in Moskau im Jahr 2010 verwüstete die Weizenernte und ließ die Lebensmittelpreise weltweit deutlich ansteigen.[20, 21]

Leugner sagen, atmosphärisches CO_2 sei Pflanzendünger, also je mehr, desto besser.

Dies ist ein kleiner, aber messbarer Effekt.[22]

Die Landbiosphäre absorbiert bereits jedes Jahr etwa ein Viertel unseres CO_2-Ausstoßes.[23]

Ein weiteres Viertel unseres Kohlenstoffausstoßes wird von den Ozeanen absorbiert.[24]

Leider wird jedes Jahr eine Fläche von der Größe des Vereinigten Königreichs abgeholzt, was diesen geringen Düngeeffekt völlig zunichtemacht.[25]

Leugner werden behaupten, dass mehr Menschen an Kälte sterben als an Hitze – also sind die durch den Klimawandel entstehenden wärmeren Winter eine gute Sache.

Das ist falsch.

Gefährdete Menschen sterben an Kälte, weil ihre Wohnbedingungen schlecht sind und weil sie die Heizkosten nicht bezahlen können. Die Gesellschaft – und nicht das Klima – bringt sie um.[26]

In den USA starben in den letzten 30 Jahren viermal mehr Menschen an Hitze als an Kälte.[27]

Hitzewellen verursachen eine kumulative physiologische Belastung für den menschlichen Körper, sodass sich Atemwegs- und Herz-Kreislauf-Erkrankungen sowie Diabetes mellitus und Nierenerkrankungen verschlimmern.[28]

Es gibt ***keine*** positiven Auswirkungen des vom Menschen verursachten Klimawandels.

POLITISCHES LEUGNEN

Leugner werden behaupten, dass wir nichts tun können, weil andere Länder nichts tun.

Einige Länder haben größere Altlasten an Treibhausgasen und haben mehr zum derzeitigen Klimawandel beigetragen.[29]

Die westlichen Länder haben mehr als die Hälfte des zusätzlichen Kohlenstoffdioxids in der Atmosphäre verursacht, während Indien nur 3 % dazu beigetragen hat.[29]

Das historische Erbe der Treibhausgasverschmutzung bedeutet, dass die Industrieländer nun die Verantwortung haben, eine Vorreiterrolle zu spielen.[30]

Alle Länder müssen handeln.

Jedes Land muss bis 2050 das Ziel der Klimaneutralität erreichen, wenn wir einen Temperaturanstieg von über 2 °C verhindern wollen. Wenn wir schnell genug sind, könnten wir den globalen Temperaturanstieg sogar auf nur 1,5 °C begrenzen.[31]

Ist es eine Last, das eigene Land zu einem besseren Lebensort zu machen?[32]

Der Umstieg auf erneuerbare Energien und Elektrofahrzeuge verringert die Luftverschmutzung und verbessert dadurch die allgemeine Gesundheit der Menschen.[33]

Die Entwicklung einer grünen Wirtschaft verschafft uns ökonomische Vorteile und schafft Arbeitsplätze.[33]

Die weltweite grüne Wirtschaft beläuft sich derzeit auf über 10 Billionen US-Dollar pro Jahr.[33]

In den USA sind 9,5 Millionen Menschen in der grünen Wirtschaft beschäftigt – fast zehnmal so viele wie in der Industrie für fossile Brennstoffe.[33]

Umweltschutzmaßnahmen und Wiederaufforstung bieten Schutz vor extremen Wetterereignissen und können die Nahrungsmittel- und Wasserversorgung sichern.[34]

Wenn wir den Klimawandel in den Griff bekommen, wird die Welt sicherer, gesünder und gerechter – für jeden von uns.

KAPITEL 5:
DIE ZUKUNFT – ALBTRAUM ODER ÖKOTOPIE?

**DER ZORN DER
HÖLLE IST NICHTS
GEGEN DEN ZORN
DER NATUR,
DIE VON IHREN
BESCHÜTZERN
MISSBRAUCHT
WIRD.**

ALBTRAUM – DAS JAHR 2100

Unsere Kinder verachten uns dafür, dass wir beim Schutz unseres Planeten versagt haben.

Der folgende Abschnitt zeigt die erschreckende Vision unseres Planeten für das Jahr 2100, wenn wir nichts gegen die Klima- und Umweltkrise unternehmen, der wir jetzt gegenüberstehen.

HITZE

Die globale Durchschnittstemperatur ist bis zum Ende des 21. Jahrhunderts um mehr als 4 °C gestiegen.[1]

In vielen Ländern liegen die Sommertemperaturen dauerhaft bei über 40 °C.[2]

Hitzewellen mit Temperaturen von bis zu 50 °C sind keine Seltenheit mehr.[2]

Die Arbeit im Freien ist aufgrund der zunehmenden Hitze und Feuchtigkeit an vielen Tagen im Jahr physiologisch unmöglich geworden.[3]

DIE GLOBALE DURCHSCHNITTS-TEMPERATUR IST BIS ZUM ENDE DES 21. JAHRHUNDERTS UM MEHR ALS 4 °C GESTIEGEN.

Jeden Sommer wüten in vielen Ländern Flächenbrände: in Australien, Argentinien, Brasilien, Kalifornien, Kanada, Mittelamerika, Indonesien, Indien, in der Mongolei und Nordchina, im südlichen Afrika, in Russland, Afrika südlich der Sahara, Texas und im gesamten Mittelmeerraum.[4]

Flächenbrände haben zu einem enormen Anstieg der Luftverschmutzung und zu Gesundheitsproblemen geführt.[5]

Die Meerestemperaturen sind dramatisch angestiegen, und die dadurch entstandene Korallenbleiche hat dazu geführt, dass das Great Barrier Reef offiziell für tot erklärt wurde.[6, 7]

DÜRRE

In weiten Teilen der Erde kommt es häufig zu langanhaltenden Dürren.[8]

Die Wüsten der Welt haben sich ausgedehnt und viele Millionen Menschen vertrieben.[9]

3,5 Milliarden Menschen leben in Gebieten, in denen der Bedarf an Wasser größer ist als die verfügbare Wassermenge.[10]

Verglichen mit dem Jahr 2020 sind jetzt weitere 1,5 Milliarden Menschen von Wasserknappheit bedroht.[10]

3,5 MILLIARDEN
MENSCHEN LEBEN
IN GEBIETEN,
IN DENEN DER
BEDARF AN WASSER
GRÖSSER IST ALS
DIE VERFÜGBARE
WASSERMENGE.

Weite Teile der Welt sind angesichts mangelnder Niederschläge für die Landwirtschaft unbrauchbar.[11]

Aufgrund der enormen Zunahme von Staub aus den ausgedehnten Trockengebieten wächst die Luftverschmutzung.[9]

EIS

Die Arktis ist jeden Sommer frei von Meereis.[12]

Die Temperaturen in der Arktis sind aufgrund des fehlenden Meereises um mehr als 8 °C gestiegen.[1]

Die Eisschilde Grönlands und der Westantarktis haben zu schmelzen begonnen und den Ozeanen gewaltige Mengen an Süßwasser zugeleitet.[13]

Viele Berggletscher sind vollständig abgeschmolzen.[14]

Skifahren findet nun auf riesigen künstlichen Pisten statt.[15]

Der höchste Berg Afrikas, der Kilimandscharo in Tansania, ist eisfrei.[16]

Ernest Hemingways Kurzgeschichte *Schnee auf dem Kilimandscharo* ist nur noch eine Erinnerung an verlorene Zeiten. Das Klima in Ostafrika hat sich unwiderruflich verändert.[16]

**DIE ARKTIS IST
JEDEN SOMMER
FREI VON MEEREIS.**

Der größte Teil des Eises auf dem Tibetischen Hochland ist geschmolzen, wodurch die Flüsse Indus, Ganges, Brahmaputra und Yamuna, die für mehr als 600 Millionen Menschen die lebensnotwendige und reichliche Wasserversorgung sichergestellt hatten, weniger Wasser führen.[17]

MEERESSPIEGEL

Die thermische Ausdehnung und die schmelzenden Eisschilde haben die Meeresspiegel um über einen Meter ansteigen lassen.[18]

Viele Großstädte sind bereits überflutet und unbewohnbar geworden, darunter:

Asien: Dhaka (heute 20,3 Millionen Menschen),
Shanghai (17,5 Millionen), Hongkong (8,4 Millionen),
Osaka (5,2 Millionen)

Nordamerika: Miami (2,7 Millionen)

Südamerika: Rio de Janeiro (1,8 Millionen)

Afrika: Alexandria (3,0 Millionen)

Europa: Den Haag (2,5 Millionen)[19]

DIE MEERESSPIEGEL SIND UM ÜBER EINEN METER ANGESTIEGEN.

Diese Städte sind nur der Anfang. Über 40 % der Weltbevölkerung leben weniger als 100 Kilometer von einer Küste entfernt und werden von einem extremen Anstieg des Meeresspiegels direkt betroffen sein.[20]

Die Malediven, die Marschallinseln, Tuvalu und viele andere kleine Inselstaaten wurden bereits verlassen.[20]

Viele Küsten- und Flussgebiete werden regelmäßig überflutet, darunter das Nildelta, das Rheintal, Nigeria, Thailand, die Gebiete des Mississippi, des Mekong, Mahanadi, Godavari und Krishna.[20]

Mehr als 20 % von Bangladesch stehen unter Wasser.[21]

London ist jetzt durch einen 13 Kilometer langen Damm geschützt, der sich von Kent bis Essex erstreckt.[22]

Viele Städte haben weniger Glück.

Und das ist erst der Anfang. Denn das Abschmelzen der Eisschilde in Grönland und in der Westantarktis ist nun unumkehrbar. Im Laufe der nächsten 200 Jahre könnte der Meeresspiegel um mehr als 15 Meter ansteigen.[23]

STÜRME

Die Winterstürme sind heftiger geworden und verursachen nun enorme Schäden und große Überschwemmungen.[24]

MEHR ALS 20 % VON BANGLADESCH STEHEN UNTER WASSER.

Tropische Wirbelstürme (Hurrikans, Taifune und Zyklone) sind stärker und intensiver geworden und treffen jedes Jahr Dutzende Millionen von Menschen.[25]

Verheerende tropische Wirbelstürme wie der Taifun Haiyan (2013) mit einer anhaltenden Windgeschwindigkeit von über 320 km/h sind keine Seltenheit mehr.[26]

Die Monsune in Südostasien sind intensiver und wechselhafter geworden und bringen entweder zu viel oder zu wenig Wasser in weite Regionen. Dadurch ist das Leben von über 3 Milliarden Menschen beeinträchtigt.[27]

ÜBERSCHWEMMUNGEN

Niederschläge sind jahreszeitenabhängiger geworden und gehen in immer heftigeren Schüben nieder.[1]

Sturzfluten sind in den meisten städtischen Gebieten ein großes Problem.[28]

Die meisten Küstengebiete sind aufgrund des steigenden Meeresspiegels und stärkerer Stürme anfällig für häufige Überschwemmungen.[18]

Viele Küsten- und Überschwemmungsgebiete wurden schon aufgegeben, weil es nicht mehr möglich ist, die Menschen vor den Fluten zu schützen.[18]

OZEANVERSAUERUNG

Der Säuregehalt des Ozeans ist auf einen pH-Wert von 7,8 pH gesunken. Der hohe Säuregrad wird durch einen Anstieg der Anzahl von Wasserstoffionen (H+) im Meerwasser um 125 % verursacht.[29]

Die Nahrungskette im Meer ist in einigen Regionen zusammengebrochen, da die Meeresorganismen Mühe haben, in den saureren Gewässern Kalkschalen zu bilden.[30]

ERNÄHRUNG

Die Ernährungssicherheit, d.h. der zuverlässige Zugang zu einer ausreichenden Menge an erschwinglichen, nahrhaften Lebensmitteln, ist zu einem bedeutsamen Thema geworden.[31]

Extreme Hitze und Feuchtigkeit in den Tropen und Subtropen haben die Zahl der Tage, die Arbeiten im Freien nicht zulassen, verzehnfacht und so die Nahrungsmittelproduktion reduziert.[3]

In der gemäßigten Zone, die zwischen den heißen Tropen und der kalten Polarregion liegt, lassen häufige Extremwetterereignisse die Nahrungsmittelproduktion stark schwanken.[31]

Die Hälfte der früher landwirtschaftlich genutzten Flächen ist jetzt nicht mehr kultivierbar und die restlichen Flächen unterliegen starken saisonalen Schwankungen.[31]

Die Ernteerträge sind so niedrig wie seit Mitte des 20. Jahrhunderts nicht mehr.[32]

Die Fischbestände sind aufgrund von Überfischung und Versauerung der Meere zusammengebrochen.[32]

Die Hälfte der Weltbevölkerung ist immer noch zu arm, um sich Grundnahrungsmittel leisten zu können, wenn die Lebensmittelpreise aufgrund der unvorhersehbaren Erträge in die Höhe schießen.[31]

Hungersnöte sind alltäglich geworden.[33]

DIE MENSCHLICHE GESUNDHEIT

Die unsichere Versorgung mit Nahrungsmitteln und Wasser bedroht die Gesundheit und das Wohlergehen von Milliarden von Menschen.[34]

Ungeachtet aller medizinischen Fortschritte haben die Todesfälle durch Tuberkulose, Malaria, Cholera, Durchfall und Atemwegserkrankungen einen Höchststand erreicht.[35]

Extremwetterereignisse (Hitzewellen, Dürren, Stürme und Überschwemmungen) kosten zahlreiche Menschenleben, lassen Millionen von Obdachlosen zurück und verstärken die Unsicherheit in der Nahrungsmittel- und Wasserversorgung.[35]

Neue Pandemien treten auf und können sich angesichts der weitverbreiteten Armut und Anfälligkeit schneller ausbreiten.[36]

MIGRATION

Die Menschen verlassen die Tropen und Subtropen in Richtung gemäßigte Zone.[37]

Die Menschen ziehen von Mittelamerika über Mexiko in die Vereinigten Staaten.[38]

Die Menschen begeben sich von Afrika und dem Nahen Osten nach Europa.[39]

Von Bangladesch wandern die Menschen nach Indien aus.[40]

Diese Massenbewegungen finden überall auf der Welt statt.[37]

Flüchtlingslager, Internierungslager, Gewalt, soziale Unruhen, Bürgerkriege und häufige Krankheitsausbrüche beherrschen die täglichen Nachrichtensendungen.[41]

* * *

So könnte unsere schöne neue Welt sein – wenn wir jetzt nicht handeln.

ÖKOTOPIA – IM JAHR 2100

Unsere Kinder jubeln und feiern uns, weil wir unseren Planeten gerettet haben.

Der folgende Abschnitt zeigt, wie unser Planet am Ende des 21. Jahrhunderts aussehen könnte, wenn wir alles in unserer Macht Stehende tun, um die Klima- und Umweltkrise, der wir heute gegenüberstehen, zu bewältigen.

GLOBALE KÜHLE

Die globalen Temperaturen sind bis zum Ende des Jahrhunderts um lediglich 1,5 °C gestiegen.[42]

Fossile Brennstoffe wurden durch saubere, sichere und erneuerbare Energien ersetzt.[43]

Mehr als eine Billion Bäume wurden gepflanzt.[44]

Die Luft ist sauberer als vor der Industriellen Revolution.[42]

Die Städte wurden so umgestaltet, dass sie über einen ausgezeichneten elektrischen Personennahverkehr und viele neue, mit Leben gefüllte Grünanlagen verfügen.[45]

Alle Gebäude haben nun eine fotoelektrische/fotovoltaische Hülle, um Solarenergie zu erzeugen.[46]

Viele Gebäude haben nun begrünte Dächer, um die Stadt zu kühlen und das Leben dort angenehmer zu machen.[46]

Elektrische Hochgeschwindigkeitszüge mit einer Spitzengeschwindigkeit von über 480 km/h verbinden viele der größten Städte weltweit.[47]

Interkontinentalflüge verbinden die Welt noch immer mit großen, effizienten Flugzeugen, die mit synthetischem Kerosin betankt werden.[48]

Neue Technologien lassen virtuelle Meetings fast real erscheinen und sind nun Standard geworden, weshalb sich die Zahl der Geschäftsreisen erheblich verringert hat.[49]

Die Pandemien zu Beginn des 21. Jahrhunderts trugen dazu bei, dass die Ernährung weltweit stärker auf pflanzliche Kost umgestellt wurde – zugunsten unserer aller Gesundheit.[50]

Viele Länder der Welt haben ein bedingungsloses Grundeinkommen für alle Erwachsenen eingeführt, was Milliarden von Menschen aus der Armut befreit hat.[51]

Die Effizienz der Landwirtschaft hat sich stark erhöht und die Fleischproduktion ist zurückgegangen, sodass mehr Land für Renaturierung und Wiederaufforstung zur Verfügung steht.[31]

Die Idee der „halben Erde" wurde als grundlegendes Prinzip und Richtschnur für internationale Organisationen herangezogen, damit

> die Hälfte der Erde dazu genutzt wird, die dann wohl 10 Milliarden Menschen auf dem Planeten zu versorgen;[52]
>
> die andere Hälfte der Erde dazu genutzt wird, die natürliche Biosphäre und die ökologischen Leistungen, auf die wir angewiesen sind, zu erhalten.[52]

Es scheint, dass die technologischen Schwierigkeiten bei der Nutzung der Fusionsenergie gelöst sind und für das 22. Jahrhundert unbegrenzt saubere Energie zur Verfügung steht.[53]

Wenn das die Welt ist, in der du leben willst, dann lies einfach weiter …

MEHR ALS EINE BILLION BÄUME WURDEN GEPFLANZT.

KAPITEL 6:
DIE MACHT DES EINZELNEN

DEN KLIMAWANDEL BEWÄLTIGEN.

WIR MÜSSEN ES GEMEINSAM ANPACKEN.

In der Geschichte waren es immer Einzelpersonen, die die Welt veränderten.

Ein junges Mädchen, das vor dem schwedischen Parlament sitzt und für Maßnahmen gegen den Klimawandel kämpft.

Eine schwarze Frau, die sich weigert, ihren Sitzplatz für einen weißen Mann freizugeben.

Einzelpersonen sind die Katalysatoren, die es anderen ermöglichen, Veränderungen zu fordern.

Hier nun 15 Vorschläge, mit denen ***du*** die Welt verändern kannst.

1. SPRICH ÜBER DEN KLIMAWANDEL.[1]

Das Erste und Wichtigste, was man tun kann, ist, mit allen über den Klimawandel zu sprechen.

Die größte Herausforderung in der Geschichte unserer Spezies darf kein Tabuthema sein.

Wir brauchen neue Lösungen, neue soziale Strukturen und eine neue Wirtschaft, um diese Krise zu meistern.

Sprich über den Klimawandel. Teile die Ideen aus diesem Buch mit anderen – schon ein einziger Gedanke, den du mit einem deiner Freunde oder Verwandten teilst, wird das Gespräch über den Klimawandel ins Rollen bringen.

EINZELPERSONEN SIND DIE KATALYSATOREN, DIE ES ANDEREN ERMÖGLICHEN, VERÄNDERUNGEN ZU FORDERN.

2. ERNÄHRE DICH VOR ALLEM PFLANZLICH.[2]

Du kannst zu einem ***Flexitarier*** werden mit einer Ernährung, deren Hauptgrundlage pflanzliche Nahrungsmittel sind, ergänzt von Fleisch und Milchprodukten in Maßen.[3]

Die übliche fleischhaltige Ernährung der westlichen Welt erzeugt 7,2 kg CO_{2e} pro Tag (alle Treibhausgasemissionen werden in CO_2-Äquivalente (e) umgerechnet, um eine Vergleichsbasis zu schaffen).[4]

Eine vegetarische Ernährung erzeugt 3,8 kg CO_{2e} pro Tag.[4]

Eine vegane Ernährung erzeugt 2,9 kg CO_{2e} pro Tag.[4]

Die Fleischproduktion, insbesondere die von Rindfleisch, ist ein Hauptgrund für die Abholzung der tropischen Wälder. Wer seinen Fleischverbrauch einschränkt, schont die Umwelt und reduziert die Kohlenstoffemissionen.[5]

Eine mehr pflanzliche Ernährung ist auch gut für dich und deine Familie.[5]

Vor allem der Verzehr von stark verarbeitetem Fleisch wird mit einigen Krankheiten in Verbindung gebracht: mit hohem Blutdruck, Herzkrankheiten, chronisch obstruktiver Lungenerkrankung, Darm- und Magenkrebs.[5]

ERNÄHRE DICH VOR ALLEM PFLANZLICH.

EINE FLEISCHHALTIGE ERNÄHRUNG ERZEUGT 7,2 KG CO_{2E} PRO TAG.

EINE VEGETARISCHE ERNÄHRUNG ERZEUGT 3,8 KG CO_{2E} PRO TAG.

EINE VEGANE ERNÄHRUNG ERZEUGT 2,9 KG CO_{2E} PRO TAG.

Verwende regional und saisonal erzeugte Lebensmittel, um den CO_2-Ausstoß zu verringern und um die heimische Wirtschaft zu unterstützen.[5]

Falls du es noch nicht bist, versuche Vegetarier zu werden.[6]

Probiere milchfreie Alternativen aus.[7]

3. WECHSLE ZU EINEM ÖKOSTROM-ANBIETER.[8]

Es ist ein einfacher Wechsel, der dich möglicherweise noch nicht einmal etwas extra kostet.[9]

Wenn wir alle umsteigen würden, wären die Energieunternehmen gezwungen, mehr erneuerbare Energie zu produzieren, um die Nachfrage zu decken.

Überzeuge die Menschen an deinem Arbeitsplatz, in deiner Religionsgemeinschaft, in deiner Gemeinde, in deiner Schule und in deinem Verein davon, auf erneuerbare Energien umzusteigen.[10]

4. MACHE DEIN HAUS ENERGIE-EFFIZIENT.[11]

Spare Energie, indem du dein Haus so wärmeeffizient machst wie möglich.

Stelle sicher, dass dein Haus (Dach und Wände) nach den höchsten Standards isoliert ist.[12]

Sorge dafür, dass deine Fenster und Türen gut schließen, um Zugluft zu vermeiden.[12]

Drehe den Thermostat um 1 °C herunter, wasche Wäsche bei niedrigerer Temperatur, reduziere den Gebrauch von Haushaltsgeräten, installiere einen intelligenten Stromzähler, ersetze Halogenbirnen durch energieeffizientere LED-Leuchtmittel.[11]

Mit Energieeffizienz kannst du Geld sparen.[13]

Wenn deine Heizungsanlage ersetzt werden muss, stelle sicher, dass sie zumindest durch einen möglichst effizienten Gaskessel ersetzt wird. Noch besser ist es, in Erd- und Luftwärmetauscher zu investieren, die entweder heizen oder kühlen (was du brauchen wirst, wenn sich die Welt erwärmt).[12]

5. LASSE DAS AUTO ÖFTER STEHEN.[14]

Gehe häufiger zu Fuß, fahre Fahrrad und nutze öffentliche Verkehrsmittel.[15] Dadurch verbesserst du deine Fitness und tust automatisch auch etwas für deine Gesundheit.[16]

Wenn du doch gelegentlich ein Auto brauchst, miete ein Elektro- oder Hybridauto.[17]

Wenn du wirklich ein eigenes Auto brauchst, wähle ein möglichst kleines und effizientes Modell oder – wenn du es dir leisten kannst – ein Elektro- oder Hybridauto.[18]

6. FLIEGE NICHT MEHR.[19]

Wähle eine alternative Reiseform, beispielsweise den Zug.[20]

Wenn du aus beruflichen Gründen fliegen musst, beschränke dich auf die wichtigsten Reisen und stelle sicher, dass du die CO_2-Emissionen mit seriösen Unternehmen kompensierst.[21]

Oder verwende die Kompensation dazu, die CO_2-Emissionen zu Hause oder am Arbeitsplatz zu reduzieren.

Viele Organisationen haben sich inzwischen dazu entschlossen, unvermeidbare Emissionen mit dem zehnfachen der geschätzten Menge auszugleichen und die von ihnen gewählten Kompensationsprogramme streng zu überwachen, um sicherzustellen, dass ihre Emissionen ausgeglichen wurden.[21]

7. MACHE DEINE RENTE VON DEN FOSSILEN BRENNSTOFFEN UNABHÄNGIG.[22]

Wirke auf deine Rentenversicherung ein, dass sie sich von allen Investitionen in fossile Brennstoffe verabschiedet.

Oder wechsele zu einer anderen Rentenversicherung, wenn sie es nicht tut.

Dein Rentengeld wird dann sicherer sein und vielleicht sogar mehr einbringen.

8. ENTKOPPLE DEINE INVESTITIONEN VON FOSSILEN BRENNSTOFFEN.[23]

Die fossile Brennstoffindustrie wird von der künftigen Gesetzgebung zum Klimawandel stark betroffen sein und an Rentabilität verlieren.

Unternehmen, die fossile Brennstoffe produzieren, werden unter den „verlorenen Vermögenswerten" leiden.[23]

Der nominale Wert eines Unternehmens gründet sich auf der Menge an fossilen Brennstoffen, die es in seinen Öl- und Gasfeldern und in seinen Kohlegruben besitzt. Diese Vermögenswerte werden wertlos sein, wenn die Förderung fossiler Brennstoffe und das Bohren nach Öl aufgrund des Klimawandels verboten werden.[24]

Fossile Brennstoffe sind langfristig eine schlechte Investition.[24]

Grüne Unternehmen werfen bereits heute doppelt so viel ab wie Unternehmen, die fossile Brennstoffe einsetzen.[25]

9. VERMEIDE ÜBERMÄSSIGEN KONSUM.[26]

Du brauchst das ganze Zeug nicht.

Verabschiede dich von der Vorstellung, dass Konsum gut für dich ist und dass mehr Kram dich glücklicher macht.

Überlege dir genau, was du wirklich brauchst und wie du einen nachhaltigen Lebensstil erreichen kannst.

Der Wettstreit um die neuesten Geräte, Autos oder Kleidungsstücke führt nur zu sozialem Stress.

Wenn du dir keine Gedanken darüber machst, was die anderen kaufen, wirst du gesünder und glücklicher leben.[27]

Freunde, Familie, Arbeit und Gemeinschaft können dich glücklich machen.

ALS VERBRAUCHER HAST DU EINE ENORME MACHT – ÜBE DIESE MACHT DURCH DEINE KAUFENTSCHEI-DUNGEN AUS.

BRAUCHST DU FAST FASHION?

10. REDUZIERE DEINEN VERBRAUCH.[28]

Ermutige jeden, den du kennst, seinen Verbrauch zu reduzieren.

Als Verbraucher hast du eine enorme Macht – übe diese Macht durch deine Kaufentscheidungen aus.[29]

Brauchst du so viel Verpackung um deine Waren?

Brauchst du Fast Fashion?

Brauchst du Plastikflaschen oder Einweg-Kaffeebecher?

Brauchst du einen großen SUV oder einen Pickup?

Plane, was du isst, um die Lebensmittelverschwendung in deinem Haushalt zu reduzieren.

11. VERWENDE SO VIEL WIEDER WIE MÖGLICH.[28]

Kaufe modische Kleidung, die haltbar ist und die du immer wieder tragen kannst.

Nimm immer eine eigene Wasserflasche und einen wiederverwendbaren Kaffeebecher mit.

Engagiere dich in deinem lokalen Secondhand-Netzwerk – mag sein, jemand in deiner Nähe kann die Dinge gebrauchen, die du nicht mehr brauchst oder willst.

Repariere alles, was kaputt geht.

Tausche den Akku oder das Display deines Handys aus, anstatt sofort ein neues Telefon zu kaufen.

12. RECYCLE SO VIEL WIE MÖGLICH.[30]

Die Kreislaufwirtschaft ist für eine nachhaltige Wirtschaft unerlässlich, deswegen müssen wir so viel Material wie möglich wiederverwerten. Nur so können wir die energieintensive Produktion und die umweltzerstörende Ausbeutung von Rohstoffen reduzieren.[31]

Trenne wiederverwertbare Materialien und Kompost von nicht wiederverwertbaren Materialien.[13]

Wenn möglich, kompostiere deine organischen Abfälle und Lebensmittelreste, um sie in deinem Garten oder Gemüsebeet zu nutzen.[13]

Versuche, die Menge an nicht wiederverwertbaren Materialien zu verringern – diese können auch verbrannt werden, um durch hochenergetische Verbrennung ebenfalls Energie zu gewinnen. So sind sie immer noch Teil der Kreislaufwirtschaft.[31]

Wenn deine Stadt- oder Gemeindeverwaltung das Recycling oder die Energierückgewinnung nicht ernst nimmt, solltest du Lobbyarbeit betreiben, protestieren und dafür sorgen, dass die Verwaltung verantwortlich handelt.[30]

13. NUTZE DEINE MACHT ALS KONSUMENT.[32]

Achte auf den CO_2-Fußabdruck von Aktivitäten und Produkten (Flugkilometer und Umweltauswirkungen, z. B. Abholzung).

Kaufe lokal, iss saisonal und versuche, deine eigenen Lebensmittel anzubauen.

Unterstütze umweltbewusste, nachhaltige Unternehmen.

14. PROTESTIERE.[33]

Die Macht des Volkes ist real.

Die Schulstreiks fürs Klima und die Proteste von Extinction Rebellion haben unterschiedliche Gruppen von Menschen aus der ganzen Welt zusammengeführt, die alle von ihren Regierungen verlangen, den Schutz unseres Planeten ernst zu nehmen.[34, 35]

Die Proteste zeigen Wirkung und erste Veränderungen werden sichtbar.[36]

DIE MACHT DES VOLKES IST REAL.

FORDERE VERÄNDERUNG.

15. GEHE ZUR WAHL.[37]

In demokratischen Ländern kann man neue Regierungen wählen.

Verlange von deinen Politikern, dass sie dir sagen, wie sie mit dem Klimawandel umgehen wollen.

Verlange, dass sie dir sagen, woher sie ihre Wahlkampfgelder bekommen.

Fordere Veränderung.

Fordere Taten.

Nutze dein Stimmrecht weise.

FORDERE TATEN.

KAPITEL 7:
DIE POSITIVE MACHT DER UNTERNEHMEN

WIR HABEN KEINE ZEIT FÜR EINE REVOLUTION:

WIR MÜSSEN DIE BESTEHENDEN SYSTEME NUTZEN, UM UNSEREN PLANETEN ZU RETTEN.

Die 100 größten Unternehmen der Welt erwirtschaften einen Jahresumsatz von mehr als 15 Billionen US-Dollar.[1]

Mehr als die Hälfte der 100 wertvollsten Unternehmen der Welt sind entweder in den USA (35 Unternehmen) oder in China (23 Unternehmen) ansässig.[1]

Unternehmen kontrollieren unser Leben: was wir essen, was wir kaufen, was wir uns ansehen und sogar, wen wir wählen.[2]

Unternehmen haben eine immense Macht und wir müssen diese nutzen, um die Welt zum Besseren zu verändern.[3]

Sie sind eines unserer wichtigsten Instrumente für Veränderungen.[4]

Im Folgenden findest du Vorschläge, was du innerhalb deines Unternehmens oder deiner Organisation tun kannst, um diese bei der Rettung unseres Planeten zu unterstützen.

1. AMBITION UND VISION

Kurzfristiges Denken in der Unternehmenswelt stammt aus dem letzten Jahrhundert.[2]

Unternehmen müssen die Agenda festlegen, da sie agiler sind und schneller handeln können als Regierungen.[3]

Nachhaltig sein und sich aktiv für die Umwelt einsetzen ist gut fürs Geschäft.[4]

Unternehmen, die den Klimawandel aktiv begleiten und in ihre Planungen einbeziehen, erzielen eine um 67 % höhere Rendite als Unternehmen, die sich weigern, ihre CO_2-Emissionen offenzulegen.[5]

Microsoft hat die Marschrichtung für den Technologiesektor vorgegeben mit dem Ziel, bis 2030 klimaneutral zu werden.[6]

Bis 2050 wollen sie das gesamte CO_2, das sie und ihre Lieferkette seit Gründung des Unternehmens im Jahr 1975 ausgestoßen haben, aus der Atmosphäre entfernen.[6]

Der US-amerikanische Sender Sky hat die Agenda für den Mediensektor vorgegeben, indem er für das Unternehmen und seine Lieferkette zusagte, bis 2030 klimaneutral zu sein.[7]

Und auch BP hat erklärt, bis 2050 klimaneutral zu sein und mehr als 415 Millionen Tonnen Kohlenstoffemissionen eliminiert oder kompensiert zu haben.[8]

2. OFFENES UND TRANSPARENTES VORGEHEN

Die Umstellung auf Klimaneutralität oder -positivität muss absolut transparent verlaufen, damit Mitarbeiter, Kunden und Aufsichtsbehörden den Prozess nachvollziehen können.[9]

Ermutige dein Unternehmen, seinen CO_2-Fußabdruck zu berechnen.

Hilf deinem Unternehmen bei der Planung, wie es seinen CO_2-Fußabdruck reduzieren kann.

Ermutige dein Unternehmen, seinen CO_2-Fußabdruck transparent zu machen und auch öffentlich darzulegen, wie es diesen zu verringern gedenkt.

Hilf deinem Unternehmen, diesen Plan umzusetzen.

Ermutige dein Unternehmen, Erfolge und Misserfolge publik zu machen.

Poste die Erfolge deines Unternehmens in sozialen Medien.

Bringe dein Unternehmen dazu, diesen Zyklus so lange zu wiederholen, bis es klimaneutral ist.[10]

Du kannst diesen Prozess auch auf andere Treibhausgase, den Wasserverbrauch und die Rohstoffnutzung übertragen – denk daran: Es ist ***dein*** Unternehmen.[11]

3. LEGE ZIELE ZUR EMISSIONS-REDUKTION FEST

Ziele festzulegen ist für die Reduktion von CO_2-Emissionen und Umweltschäden unerlässlich.[12]

Stelle sicher, dass diese Ziele deines Unternehmens mit den europäischen und internationalen Richtlinien zur Berichterstattung über Treibhausgasemissionen übereinstimmen.[13]

Bringe dein Unternehmen dazu, sich ein ehrgeiziges langfristiges Emissionsreduktionsziel zu setzen, das mit den Zielen der Initiative „Science Based Targets" (SBTi) in Einklang ist.[13]

Stelle sicher, dass die Berichterstattung deines Unternehmens mit der TCFD (Task Force on Climate-related Financial Disclosures) übereinstimmt.[14]

Stelle sicher, dass dein Unternehmen ein jährliches Umweltaudit nach strengsten internationalen Standards vorlegt.[14]

Schlage deinem Unternehmen vor, eine interne CO_2-Bepreisung festzulegen, um Verhaltensänderungen zu fördern.[14]

Bringe dein Unternehmen dazu, die Klimaneutralität anzustreben.[10]

Erhöhe kontinuierlich deine Ziele, um ein klimapositives Unternehmen zu werden.[10]

Ermutige dein Unternehmen dazu, seinen gesamten CO_2-Fußabdruck – seit der Gründung – zu ermitteln und diese Verschmutzung wieder zu kompensieren.[10]

4. RICHTE DEN FOKUS AUF DIE ENERGIE

Der Energieverbrauch ist für die meisten Unternehmen eine wesentliche Quelle von Treibhausgasemissionen.[15]

Energie ist ein zentrales Element bei der Herstellung von Produkten und beim Betreiben von Büros, Fabriken, Lagern, bzw. Rechenzentren.[15]

Messe und kontrolliere den Energieverbrauch deines Unternehmens.[16]

Nutze die bestbewerteten grünen Gebäude.[17]

Steige bei der Stromerzeugung mithilfe der Energieversorger und Stromabnahmeverträge auf erneuerbare Energien um.[18]

Bemühe dich, vor Ort selbst erneuerbare Energie zu erzeugen, sofern dies umsetzbar ist.[18]

Nutze zur Stromerzeugung erneuerbare Energien mit Herkunftsnachweis (HKN) und internationalem Zertifizierungssystem für erneuerbare Energien (IREC & REC).[18]

Steige auf Grüngas-Zertifikate um – jede Einheit Grüngas ersetzt eine Einheit konventionellen Gases.[19]

Stelle den Pkw-/Transporter-Fuhrpark deines Unternehmens auf Elektrobetrieb um.[20]

Stelle deine Lkw-Flotte kurzfristig auf Biodiesel und mittelfristig auf Elektroantrieb um.[21]

5. NUTZE DIE KREISLAUFÖKONOMIE

Das klassische Wirtschaftsmodell der Konsum- und Wegwerfgesellschaft ist auf große Mengen an gut zugänglichen Rohstoffen und kostengünstiger Energie angewiesen.[22]

Jetzt stoßen wir an die natürlichen Grenzen dieses Modells.[22]

Die Kreislaufwirtschaft minimiert den Ressourcenverbrauch und maximiert den Wert der Produkte und Materialien während ihres gesamten Lebenszyklus.[23]

Der Einstieg in die Kreislaufwirtschaft könnte bis zu 1,8 Billionen Euro an Wert für die europäische Wirtschaft freisetzen.[24]

Plane und stelle Produkte her, die langlebig, aufrüstbar und recycelbar sind.[25]

Verbanne Verschwendung und Umweltverschmutzung aus deinem Unternehmen und deinen Produkten.[25]

Stelle Produkte und Materialien her, die über einen langen Zeitraum genutzt werden können.[25]

6. DIE MACHT DER MITARBEITER

Geschäftsführer nehmen Nachhaltigkeit ernst, um die besten Mitarbeiter zu bekommen und ans Unternehmen zu binden.[26]

Gut ausgebildete junge Menschen wollen für ein Unternehmen arbeiten, das einem starken moralischen und ethischen Verhaltenskodex folgt.[27]

Um Unternehmen ökologisch nachhaltig zu machen, sind tiefgreifende Veränderungen im Unternehmensverhalten erforderlich. Besonderes Gewicht sollte darauf gelegt werden, die Kreativität der Mitarbeiter zu fördern.[28]

Wichtig ist die Einrichtung eines soliden Umweltmanagementsystems (z. B. ISO 14001), um die essenziellen Aspekte und Umweltauswirkungen (Energieverbrauch, Geschäftsreisen, Abfall, Wasser etc.) im Fokus zu haben.[29]

Die Macht der Mitarbeiter verbessert Effizienz, Innovation und Umweltleistung des Unternehmens. Sie kann durch Ernennung von Mitarbeiterbotschaftern, grüne Champions, Umweltspezialisten und Partnerorganisationen verstärkt werden.[30]

Unternehmen müssen ein offenes Ohr für ihre Mitarbeiter haben, deren guten Ideen aufgreifen und umsetzen.[28]

Dein Unternehmen sollte alle Mitarbeiter dazu ermutigen, ökologisch nachhaltige Ziele in ihre tägliche Arbeit zu integrieren.[31]

Dein Unternehmen sollte das freiwillige Engagement der Mitarbeiter unterstützen und fördern, um die Bedeutung von Umweltangelegenheiten in der lokalen Gemeinschaft zu unterstreichen.[32]

7. EINBINDUNG IN DIE LIEFER- UND WERTSCHÖPFUNGSKETTE

In einer globalisierten Wirtschaft sind die Unternehmen auf eine funktionierende Lieferkette angewiesen, um ihre Geschäftsziele zu erreichen.[33]

Die Treibhausgasemissionen innerhalb deiner Lieferkette können bis zu viermal so hoch sein wie die (internen) Emissionen deines Unternehmens.[34]

Ökologische Innovationen und Nachhaltigkeit müssen auf die externe Wertschöpfungskette ***deines*** Unternehmens oder ***deiner*** Organisation ausgeweitet werden.[34]

Folgende Maßnahmen stehen hier zur Verfügung:

> Verfolge eine verantwortungsvolle Einkaufspolitik, um den Kauf von Produkten und Dienstleistungen zu fördern, die nur geringe Umweltauswirkungen haben.[34]

Prüfe deine eigene Lieferkette, um sicherzustellen, dass du mit Unternehmen zusammenarbeitest, die deine Nachhaltigkeitsziele teilen.[33]

Führe Leistungskennzahlen für Nachhaltigkeit in deiner Lieferkette ein.[35]

Fördere technologische Entwicklungen in deiner Lieferkette, um die beteiligten Unternehmen bei der Innovation und Produktion von umweltfreundlicheren Waren zu unterstützen.[36]

Nutze die Blockchain-Technologie, um die Umweltauswirkungen der von dir erworbenen Dienstleistungen und Waren zu verfolgen.[37]

Bewerte und überprüfe deine Lieferkette jährlich, um die Leistungskennzahlen und dein CO_2-Emissionsziel im Blick zu behalten.[35]

8. VERÄNDERE DIE GESAMTE DEBATTE

Wenn Unternehmen im 21. Jahrhundert relevant und vertrauenswürdig bleiben wollen, müssen sie ihr Verhältnis zu Umwelt und Gesellschaft ändern.[38]

Die klassische Ökonomie ist tot.

Die Wegwerfkultur ist tot.

DIE WEGWERF-KULTUR IST TOT.

Der Einstieg in die Kreislaufwirtschaft ist unerlässlich, wenn Unternehmen zur Rettung unseres Planeten beitragen wollen.[39]

Die Mitarbeiter sind die Stärke und das Herz jedes einzelnen Unternehmens und jeder Organisation.

Nachhaltigkeit muss ein zentrales Leitbild jedes Unternehmens werden – dies erhöht die Langlebigkeit und Wirtschaftlichkeit des Unternehmens.[5]

Stelle sicher, dass dein Unternehmen einen 5-, einen 10-, einen 15- und einen 50-Jahresplan aufstellt.[40]

9. NIMM EINFLUSS AUF DIE REGIERUNG

Mache deiner Regierung klar, dass dein Unternehmen die Zukunft unseres Planeten ernst nimmt.

Mehr als 200 Unternehmen in Großbritannien haben die britische Regierung aufgefordert, den wirtschaftlichen Aufschwung nach Covid-19 mit dem Ziel der Klimaneutralität in Einklang zu bringen, darunter Britvic, BP, BT, BNP Paribas, der Zementhersteller CEMEX, Coca-Cola, E.ON, der Flughafen Heathrow, HSBC, IKEA, Lloyds Banking Group, Mitsubishi, National Grid, PwC, Severn Trent, Sky, Unilever, Shell und Siemens.[41]

MACHE DEINER REGIERUNG KLAR, DASS DEIN UNTERNEHMEN DIE ZUKUNFT UNSERES PLANETEN ERNST NIMMT.

Politiker denken kurzfristig; Unternehmen denken heute langfristig und sorgen dafür, dass neue umweltpolitische Maßnahmen langfristige, positive Veränderungen bewirken.[42]

Unternehmen sind auf die von der Regierung bereitgestellte Infrastruktur angewiesen. Setze dich dafür ein, dass diese Infrastruktur möglichst nachhaltig, kohlenstoffarm und hochwertig ist.[43]

Unternehmen brauchen hochqualifizierte Arbeitskräfte, um die massiv expandierende globale grüne Wirtschaft zu unterstützen. Mache bei deiner Regierung Druck, dass sie das bestmögliche Bildungssystem bereitstellt.[44]

Regierungen legen Umweltstandards fest. Setze dich dafür ein, dass diese vernünftig, präzise und langfristig formuliert sind und diejenigen belohnen, die sie vollständig erfüllen.[42]

Wenn einmal strenge Umweltstandards festgeschrieben sind, sorge dafür, dass die Regierung auch daran festhält, damit dein Unternehmen langfristig planen kann.[42]

Setze dich bei deiner Regierung dafür ein, dass alle Umweltvorschriften unabhängig (nicht kommerziell) durchgesetzt werden, damit für alle Akteure gleiche Bedingungen herrschen.[44]

Vergewissere dich, dass deine Regierung genauso zukunftsorientiert und engagiert für die Rettung unseres Planeten kämpft wie dein Unternehmen.[42]

WIR BRAUCHEN RADIKALE ERNEUERER, WIR BRAUCHEN KREATIVE DENKER, WIR BRAUCHEN NEUE UNTERNEHMEN, UM INNOVATIONEN VORANZUTREIBEN.

WIR BRAUCHEN EINE NEUE GENERATION SOZIALER UND ÖKOLOGISCHER UNTERNEHMER, UM UNSEREN PLANETEN ZU RETTEN.

10. APPELL AN ALLE UNTERNEHMER

Die globale grüne Wirtschaft wächst in einem rasanten Tempo und benötigt neue Technologien und neue Produkte.[45]

Ein rascher Wandel bringt Chancen mit sich – niemals zuvor gab es eine Zeit, die für Unternehmer entscheidender war.[46]

Wir brauchen radikale Erneuerer,
wir brauchen kreative Denker,
wir brauchen neue Unternehmen,
um Innovationen voranzutreiben.

Wir brauchen eine neue Generation sozialer und ökologischer Unternehmer, um unseren Planeten zu retten.[46]

Bist du einer?

KAPITEL 8:
STAATLICHE LÖSUNGEN

VERANTWORTUNGS-
VOLLES REGIEREN
IST UNSERE
STÄRKSTE WAFFE
GEGEN DEN
KLIMAWANDEL.

Regierungen steuern die Bestrebungen der Zivilgesellschaft durch Rechtsstaatlichkeit und Leitlinien in der Politik.

Anreize, Subventionen, Besteuerung und Regulierungen – mit all diesen Instrumenten können Regierungen unsere Gesellschaften nachhaltiger und klimaneutral machen.[1]

Mit Win-win-Lösungen können sie das Leben aller verbessern.[2]

Regierungen treiben Erneuerungen voran.[3]

Alle Maßnahmen gegen den Klimawandel sollten Vorteile für alle Seiten haben (Win-win).[2]

1. FÖRDERUNG ERNEUERBARER ENERGIEN

Beendigung des Verbrennens von Kohle und Erdgas.[4]

Das reduziert die Luftverschmutzung, rettet Leben und senkt die Kosten im Gesundheitswesen.

Investitionen in Sonnen-, Wind-, Wasser- und Gezeitenenergie.[4]

Erhöhen die Energiesicherheit durch geringere Abhängigkeit von importierten fossilen Brennstoffen.

ALLE MASSNAHMEN GEGEN DEN KLIMAWANDEL SOLLTEN VORTEILE FÜR ALLE SEITEN HABEN (WIN-WIN).

Schaffen neue Arbeitsplätze in den dynamischen Branchen des 21. Jahrhunderts.

Vollständige Energierückgewinnung von nicht verwertbaren Abfällen durch hochenergetische Verbrennung.[5]

Reduziert die Abfälle auf Deponien und damit auch die Wasserverschmutzung und Methangasbildung.

Finanzierung der Erforschung und Kommerzialisierung der Fusionsenergie.[4]

Der langfristige Energiebedarf könnte durch sichere und saubere Fusionsenergie gedeckt werden.

2. UNTERSTÜTZUNG VON E-AUTOS UND ÖFFENTLICHEM NAHVERKEHR

Investitionen in die Infrastruktur von Elektrofahrzeugen.[6]

Reduzieren die Luftverschmutzung, retten Leben und senken die Kosten im Gesundheitswesen.

Schaffen neue Arbeitsplätze in dynamischen Branchen des 21. Jahrhunderts.

**INVESTITIONEN
IN DIE
INFRASTRUKTUR
VON ELEKTRO-
FAHRZEUGEN.**

**INVESTITIONEN IN
DEN ÖFFENTLICHEN
NAHVERKEHR
UND DEN
FAHRRADVERKEHR.**

Investitionen in den öffentlichen Nahverkehr und in den Radverkehr, auch durch Subventionen.[7]

Fördern tägliche Bewegung, stärken die Gesundheit und das Wohlbefinden und senken die Kosten im Gesundheitswesen.

Verkürzen die durchschnittliche Pendelzeit und steigern das Wohlbefinden.

3. KÜRZUNG VON INVESTITIONEN UND SUBVENTIONEN FÜR FOSSILE BRENNSTOFFE

Die Regierungen subventionieren die Nutzung fossiler Brennstoffe mit über 5 Billionen US-Dollar jährlich.[8]

Dieses Geld könnte ins Gesundheitswesen, in Infrastrukturprojekte, in die Entwicklung erneuerbarer Energien und in andere wichtige prioritäre Maßnahmen der Regierung fließen.

Kürzung staatlicher Investitionen in fossile Brennstoffprojekte in Übersee und stattdessen dort Investitionen in nachhaltige erneuerbare Energien.[9]

Unterstützt die Dekarbonisierung anderer Länder.

Stimuliert internationale Märkte für einheimische Erneuerbare-Energie-Technologien.

4. BESTEUERUNG DER NUTZUNG FOSSILER BRENNSTOFFE

Besteuerung der Einfuhr und Nutzung von Erdöl, Kohle und Erdgas.[10]

Stärkt die Wettbewerbsfähigkeit von erneuerbaren Energien und Elektrofahrzeugen.

Erhöht die Staatseinnahmen, die für Investitionen in kohlenstoffarme Technologien und Infrastrukturprojekte genutzt werden können.

Internationale Besteuerung von Internetunternehmen auf Grundlage ihrer CO_2-Emissionen.[11]

Legitimiert die Besteuerung internationaler Unternehmen und schafft Anreize für große IT-Unternehmen, ihren CO_2-Fußabdruck zu verringern.

Besteuerung des Flugbenzins auf Grundlage der CO_2-Emissionen pro Flugmeile.[10]

Treibt die Effizienz und die Entwicklung neuer Luftfahrttechnologien voran.

Schafft finanzielle Anreize zur Verwendung von Biokraftstoff oder klimaneutralem synthetischem Kerosin.

Reduziert das Stigma und die Schuldgefühle beim Fliegen: Die Menschen können sich bewusst für umweltfreundliche Flugreisen entscheiden.

5. SCHAFFUNG NEUER, KOHLENSTOFF-ARMER INFRASTRUKTUREN

Der Bau neuer elektrischer Schienennetzwerke für Hochgeschwindigkeitszüge in der ganzen Welt.[7]

Ersetzt CO_2-intensive Flüge durch CO_2-arme Züge.

Schafft schnellere Verbindungen mit geringeren Sicherheitsrisiken.

Schafft eine große Anzahl von Arbeitsplätzen.

80 % aller Inlandsflüge in den USA könnten durch Hochgeschwindigkeitsbahnnetze an der Ost- und Westküste ersetzt werden.

Die Durchsetzung neuer Bauvorschriften, sodass alle neuen Gebäude klimaneutral sind.[12]

Schafft gesündere Wohnungen, Büros und Fabriken.

Senkt die Energiekosten für Haushalte und trägt damit zur Armutsbekämpfung bei.

Unterstützung der kohlenstoffarmen Nachrüstung von Gebäuden.[13]

Schafft gesündere und preiswertere Gebäude, in denen die Menschen leben und arbeiten können.

Bau neuer Recyclinganlagen und Energiegewinnung aus Abfallprodukten.[14]

Stärkt die Kreislaufwirtschaft, liefert mehr CO_2-arme Energie und verhindert, dass Abfall auf Deponien landet.

6. WIEDERAUFFORSTUNG UND RENATURIERUNG

Schaffung von Anreizen für die Wiederaufforstung von geeigneten Mischwaldflächen oder Wäldern.[15, 16, 17]

Sorgt durch die Speicherung von Kohlenstoff für eine natürliche negative CO_2-Bilanz.

Erhöht und schützt die lokale biologische Vielfalt und gibt dem Boden Halt.

Verringert das Risiko extremer Sturzfluten.

Stabilisiert die regionalen Niederschlags- und Wettermuster.

Steigert die Produktivität der angrenzenden landwirtschaftlichen Flächen.

Ist ästhetisch ansprechend und stärkt dadurch das menschliche Wohlbefinden.

Schaffung von Anreizen für die Renaturierung natürlicher Lebensräume wie Feuchtgebiete, Torfmoore, Grasland, Mangrovenwälder und Seegrasgebiete an der Küste.[18, 19]

Sorgt für eine natürliche Kohlenstoffspeicherung und verringert die Kohlenstoffemissionen des Bodens.

Erhöht und schützt die lokale biologische Vielfalt.

Verringert das Risiko von extremen Sturmfluten und Überschwemmungen.

Verringert das Ausmaß der Küstenerosion.

Steigert die Produktivität der angrenzenden landwirtschaftlichen Flächen.

Ist ästhetisch ansprechend und stärkt dadurch das menschliche Wohlbefinden.

Einführung einer progressiven Grundsteuer, um eine umweltverträglichere Landnutzung sicherzustellen.[20, 21]

Schafft finanzielle Anreize für die Wiederaufforstung und Renaturierung.

Schafft Anreize für eine kohlenstoffarme und nachhaltige Landwirtschaft.

Schafft Anreize für aktives Hochwassermanagement.

Wandelt Grundbesitz in öffentliches Eigentum um, damit Böden produktiv fürs Gemeinwohl genutzt werden.

7. FÖRDERUNG EINER EMISSIONSARMEN LANDWIRTSCHAFT UND ERNÄHRUNG

Regierungen müssen eine neue Vision entwickeln für eine Landwirtschaft, die die Umwelt schützt, die Ernährungssicherheit erhöht, eine gesündere Ernährung ermöglicht und den Tierschutz verbessert.[22]

Bei Lebensmitteln sollten Herkunftsland, CO_2-Fußabdruck, Anbaumethode und gesundheitlicher Wert verpflichtend ausgewiesen werden.[23]

So können die Verbraucher bei der Auswahl von Lebensmitteln informierte Entscheidungen treffen.

NEUE VISIONEN FÜR DIE LANDWIRTSCHAFT – UMWELTSCHUTZ UND MEHR ERNÄHRUNGS-SICHERHEIT.

Anordnen, dass im öffentlichen Beschaffungswesen nur pflanzliche, besonders nahrhafte und umweltzertifizierte Lebensmittel angeboten werden dürfen.[24, 25]

Schafft Anreize für große Lebensmittelunternehmen, qualitativ hochwertigere pflanzliche Lebensmittel zu produzieren.

Steigert die Einnahmen von Landwirten, die sich für die Umwelt einsetzen.

Sorgt für eine gesunde Ernährung der Menschen, die für den Staat arbeiten oder von ihm betreut werden.

Verbot von Werbung für ungesunde Lebensmittel.[26] Besteuerung ungesunder Lebensmittel wie Fleisch und Zucker.[27, 28]

Macht ungesunde Lebensmittel teurer und unattraktiver.

Hilft, die Ernährungskultur zu verändern, d. h. ungesunde Nahrungsmittel so weit wie möglich zu verbannen.

Regulierung und Schaffung finanzieller Anreize für die Landwirtschaft, um die Böden zu erneuern, die biologische Vielfalt zu stärken und die Wasser- und Luftverschmutzung möglichst gering zu halten.[17, 29–31]

Reduziert die Treibhausgasemissionen aus der Landwirtschaft.

Erhöht die lokale biologische Vielfalt und hilft, die Ökosystemleistungen zu erhalten.

Kann dazu beitragen, die Auswirkungen von Sturzfluten und Dürren zu lindern.

Reduziert die Kosten für die Wasseraufbereitung und -reinigung.

Förderung von Anbaumethoden, die im Einklang mit der Natur stehen, wie Agrarökologie, eine kreislaufbasierte Landwirtschaft und ökologischer Landbau.[32]

Reduziert die Abfallmengen und Treibhausgasemissionen aus der Landwirtschaft.

Erhöht die lokale biologische Vielfalt und hilft, die Ökosystemleistungen zu erhalten.

Fördert die Wiederaufforstung und Renaturierung im Agrarsektor.

Besteuerung nicht-organischer Pestizide und synthetischer Düngemittel. Globales Verbot von Pestiziden, die für Bienen und andere wichtige Bestäuber schädlich sind.[33]

Reduziert die Abfallmengen und Treibhausgasemissionen aus der Landwirtschaft.

Reduziert die Kosten für die Wasseraufbereitung und -reinigung.

Erhöht die lokale biologische Vielfalt und schützt Bestäuber, die von essenzieller Bedeutung sind.

8. UNTERSTÜTZUNG DER EMISSIONS-HANDELSSYSTEME

Der Emissionshandel oder „Cap and Trade" (Emissionshandel mit staatlich festgelegter Obergrenze) ist eine marktorientierte Umweltauflage, die Emissionsrechte zuteilt. Unternehmen müssen diese Genehmigungen kaufen, wenn sie Treibhausgasemissionen ausstoßen wollen.[34]

Die Genehmigungen können gehandelt werden, damit jene Unternehmen, die ihre Emissionen am schnellsten reduzieren können, dafür finanzielle Anreize erhalten.[34]

Die Zahl der Genehmigungen wird jährlich verringert und ihr Preis erhöht, um den Rückgang der Emissionen zu gewährleisten und den Anreiz für schnelle Neuerungen zu schaffen.[34]

Unternehmen werden effizienter und umweltfreundlicher.

Unternehmen und große Organisationen sparen Geld.

Innovationen und der Austausch von Best Practice-Methoden werden angetrieben.

9. ANPASSUNG – SCHUTZ DER BÜRGER

Regelmäßige Durchführung nationaler Risikobewertungen zum Klimawandel und deren Veröffentlichung.[35]

Unternehmen, Organisationen, lokale Behörden und Einzelpersonen können die Risiken des Klimawandels einschätzen und Anpassungsmaßnahmen vornehmen.

Informieren der Öffentlichkeit über die Risiken, die der Klimawandel mit sich bringt.[36]

Hilft den Bürgern, die Risiken des Klimawandels und die Maßnahmen, die der Staat dagegen ergreift, zu verstehen.

Unterstützung der lokalen Infrastruktur und der sozialen Anpassungen an den Klimawandel.[37]

Schützt sowohl die Gesundheit und das Wohlergehen der Bürger als auch die lokale Wirtschaft.

Errichtung solider Infrastrukturen, die die Menschen und ihr Eigentum vor Extremwetterereignissen wie häufigeren und stärkeren Stürmen, Überschwemmungen, Dürren und Hitzewellen schützen.[38]

Schützt Mensch und Eigentum.

Bau von kohlenstoffarmen, passiv gekühlten Gebäuden und Nachrüstung von Klimaanlagen in bestehenden Gebäuden mit Luft- und Erdwärmetauschern.[39]

Schützt die Menschen vor den gesundheitlichen Auswirkungen von Hitzewellen.

10. BEDINGUNGSLOSES GRUNDEINKOMMEN

Garantie eines bedingungslosen Grundeinkommens in Höhe des Existenzminimums für jeden – ohne Arbeitszwang.[40, 41]

Beseitigt extreme Armut.

Durchbricht die Verknüpfung zwischen Arbeit und nicht nachhaltigem Konsum.

Ermöglicht es den Bürgern zu jedem Zeitpunkt ihrer Karriere, eine Umschulung zu beginnen.

Ermöglicht es den Menschen, nachhaltige und sozial verantwortliche Jobs zu wählen.

Ermöglicht es den Bürgern, langfristig zu denken – weit über den nächsten Zahltag hinaus.

Ermöglicht es den Bürgern, sich für die Pflege älterer und kranker Angehöriger zu entscheiden.

DAS BEDINGUNGSLOSE GRUNDEINKOMMEN KÖNNTE DIE ARBEIT VON NICHT NACHHALTIGEM KONSUM ENTKOPPELN.

Steigert die Kreativität und das Engagement in lokalen Gemeinschaften.

Reduziert sozialen Stress.

Senkt die Kosten des Gesundheitswesens.

Erhöht die Zahl der Unternehmer und deren Erfolgsquoten.

Schützt die Bürger und die Wirtschaft vor Pandemien.

KAPITEL 9:
RETTEN WIR UNSEREN PLANETEN UND UNS SELBST

STELLEN WIR
UNS UNSERE
ZUKÜNFTIGE
GESCHICHTE VOR.

GESTALTEN WIR
DEN WEG.

MACHEN WIR
ES MÖGLICH.

Die Herausforderungen des 21. Jahrhunderts sind gewaltig.

Unterschätze sie nicht.

Unsere Herausforderungen sind:

der Klimawandel,
die Umweltzerstörung,
die globale Ungleichheit und extreme Armut,
die globale, nationale und individuelle Sicherheit.

All diese Punkte müssen gemeinsam angegangen werden – mit Win-win oder Win-win-win oder Win-win-win-win-Lösungen.[1]

Wenn wir sie getrennt voneinander anpacken, könnte die Lösung des einen Problems ein anderes verschlimmern.

Denke daran:

Wir haben die Technologien.

Wir haben die Ressourcen.

Wir haben das Geld.

Wir haben die Wissenschaftler, die Unternehmer und die Wegbereiter.

WIR HABEN DIE TECHNOLOGIEN.

WIR HABEN DIE RESSOURCEN.

Was uns fehlt, sind die politische Verantwortung und die politischen Strategien, um die Vision von einer besseren Welt zu verwirklichen.

Wir brauchen also einen Plan, um unseren Planeten zu retten.

1. UNSERE INTERNATIONALEN INSTITUTIONEN ERNEUERN

Unsere internationalen Institutionen sind für die Verwirklichung dieses Plans nicht geeignet.[2]

Viele von ihnen sind über 70 Jahre alt.[2]

Die Weltbank wurde 1944 gegründet.

Die Vereinten Nationen wurden 1945 gegründet.

Der Internationale Währungsfonds (IWF) wurde 1945 gegründet.

Das Allgemeine Zoll- und Handelsabkommen (GATT) wurde 1947 unterzeichnet.

GATT wurde 1995 durch die Welthandelsorganisation (WTO) ersetzt.

Die NATO (North Atlantic Treaty Organization) wurde 1949 gegründet.

Die Organisation für Wirtschaftliche Zusammenarbeit und Entwicklung (OECD) wurde im Jahr 1961 gegründet. Sie hat 37 Mitgliedsländer und verfolgt das Ziel, den wirtschaftlichen Fortschritt und den Welthandel anzukurbeln.

Die G7 (oder Gruppe der Sieben) wurde ursprünglich 1975 von sechs Ländern ins Leben gerufen: Frankreich, Deutschland, Italien, Japan, das Vereinigte Königreich und die Vereinigten Staaten. Kanada kam 1976 dazu, Russland 1997. Russland wurde im Jahr 2014 aber wieder ausgeladen.

Die G20 (oder Gruppe der Zwanzig) besteht aus 19 Ländern und der Europäischen Union (EU). Sie wurde 1999 mit dem Ziel gegründet, die internationale Finanzstabilität zu fördern.

Unsere internationalen Institutionen müssen alle Menschen der Welt vertreten und eine faire und gerechte Regierungsführung gewährleisten.[3]

Wir brauchen eine Reihe von Bretton-Woods-Konferenzen des 21. Jahrhunderts, um unsere internationalen Regierungsinstitutionen neu zu gestalten.[4]

Wir müssen die Weltbank und den Internationalen Währungsfonds (IWF) so umgestalten, dass sie ihr Hauptaugenmerk auf die Entwicklung einer grünen, nachhaltigen Wirtschaft und die Linderung der weltweiten Armut richten.[5]

Wir müssen die industrielle Infrastruktur für fossile Brennstoffe weltweit überdenken und ersetzen. Außerdem müssen wir die permanente Lobbyarbeit der Unternehmen und der an fossilen Brennstoffen reichen Länder beenden.[6]

Wir müssen die WTO umgestalten, denn ihr erklärtes Ziel ist es, den Handel reibungslos, berechenbar und so frei wie möglich zu gestalten.[7]

Die WTO fördert den Handel und den Konsum und erschwert die Verringerung der CO_2-Emissionen. Sie kann sinnvolle lokale, nationale und internationale Umweltschutzmaßnahmen und -vorschriften verhindern.[7]

Wir könnten die WTO in eine Weltorganisation für Nachhaltigkeit (WSO, World Sustainability Organization) umwandeln.[7]

Wir müssen erkennen, dass der Freihandel nicht immer im besten Interesse der Entwicklungsländer ist.[8]

Seit 1960 hat sich das Einkommensgefälle zwischen dem Globalen Norden und dem Globalen Süden annähernd verdreifacht.[9]

Seit 1980 wurden mehr als 16,3 Billionen US-Dollar vom Globalen Süden in den Globalen Norden transferiert.[10]

Davon entfielen 4,2 Billionen US-Dollar auf Zinszahlungen, also direkte Geldtransfers an große Banken in New York und London.[10]

Das vorrangige Ziel der WSO sollte darin bestehen, die Wirtschaft jener Länder, die vom Export fossiler Brennstoffe abhängig sind, bei ihrer Restrukturierung zu unterstützen.[7]

Das mächtigste Gremium der Vereinten Nationen (UNO) – der Sicherheitsrat – besteht aus zehn gewählten Mitgliedern und fünf ständigen Mitgliedern, den Siegern des Zweiten Weltkriegs:[11]

China (Bevölkerung 1,4 Milliarden),
USA (330 Millionen),
Russische Föderation (144,1 Millionen),
Vereinigtes Königreich (67,2 Millionen),
Frankreich (67,4 Millionen).

Ein Land – eine Stimme. Dies bedeutet in den Vereinten Nationen, dass die Bürger der Welt nicht gleichmäßig vertreten sind.[12]

Von den 193 Mitgliedsländern der UN sind 75 vollwertige Demokratien, während 53 völlig autoritär regiert werden. In Letzteren haben die Menschen nur eine sehr eingeschränkte oder gar keine Stimme.[13]

Viele Menschen haben in ihrem eigenen Land nur sehr wenig Mitspracherecht und sind auf internationaler Ebene so gut wie gar nicht vertreten.[13]

Man könnte sich die UNO 2.0 demokratischer und mit einem gewählten Unterhaus vorstellen.[12]

Wir müssen die Zusammensetzung und das Stimmrecht der Vereinten Nationen überdenken, damit sie die Weltbevölkerung besser abbilden.[12]

Der UN-Sicherheitsrat könnte ständige Sitze für die zehn größten Volkswirtschaften und rotierende Sitze für alle größeren Regionen der Welt haben.[14]

Das UN-Umweltprogramm (UNEP) hat einen zweitrangigen Status innerhalb des UN-Systems. Es hat nicht denselben Stellenwert wie Handel, Gesundheit, Arbeit oder maritime Angelegenheiten, geistiges Eigentum und Tourismus.[15]

Das Budget des UN-Umweltprogramms ist klein, es umfasst weniger als ein Viertel des Budgets der WHO und nur ein Zehntel des Budgets des UN-Welternährungsprogramms. Dabei ist gerade UNEP für diese beiden Bereiche von zentraler Bedeutung.[16]

Wir müssen das UN-Umweltprogramm zu einer vollwertigen UN-Weltumweltorganisation (WEO, World Environment Organization) aufwerten.[15]

Die WEO müsste ein Budget erhalten, das mindestens so groß ist wie das der Weltgesundheitsorganisation (WHO).[15]

Die WEO würde die Nachhaltigkeitsziele, das Übereinkommen über die biologische Vielfalt und die Klimarahmenkonvention überwachen, um sicherzustellen, dass sie sich gegenseitig stärken.[15]

DIE WIRTSCHAFT MUSS DAS WOHLBEFINDEN IN DEN FOKUS STELLEN, NICHT DIE FINANZIELLEN GEWINNE.

2. DIE WIRTSCHAFT FÜR DEN MENSCHEN NEU GESTALTEN

Nach fast 40 Jahren Neoliberalismus hat der IWF erklärt, dass dieser Ansatz die Zukunft der Weltwirtschaft gefährde.[17]

Die klassische Wirtschaftslehre funktioniert nicht. Sie ist nicht geeignet, der Komplexität und den Anforderungen unserer globalen Gesellschaft gerecht zu werden.[17]

Das Bruttoinlandsprodukt (BIP) ist kein Maßstab für das menschliche Befinden.[18]

Die Wirtschaft muss das Wohlbefinden in den Fokus stellen, nicht die finanziellen Gewinne.[19]

Die Umverteilung des Reichtums innerhalb und zwischen den Ländern muss in Angriff genommen werden.[20]

Die Universitäten müssen sich weiterentwickeln und sich als weise Impulsgeber für neue Ideen etablieren – weg von Wissensspeichern, die lediglich alte Wirtschaftstheorien wiederkäuen.[21]

Die folgenden 17 Ziele für nachhaltige Entwicklung (SDG, Sustainability Development Goals)[22] müssen unterstützt werden:

1. Keine Armut
2. Kein Hunger
3. Gesundheit und Wohlergehen
4. Hochwertige Bildung
5. Gleichberechtigung der Geschlechter
6. Sauberes Wasser und Sanitäreinrichtungen
7. Bezahlbare und saubere Energie
8. Menschenwürdige Arbeit und Wirtschaftswachstum
9. Industrie, Innovation und Infrastruktur
10. Weniger Ungleichheiten
11. Nachhaltige Städte und Gemeinden
12. Verantwortungsbewusster Konsum und nachhaltige Produktion
13. Maßnahmen zum Klimaschutz
14. Leben unter Wasser
15. Leben an Land
16. Frieden, Gerechtigkeit und starke Institutionen
17. Partnerschaften zur Erreichung der Ziele

Die Betonung des Wirtschaftswachstums in den SDGs muss dringend überarbeitet werden.[23]

Nach 2030 muss die zukünftige Zusammenstellung ihren Schwerpunkt auf die Ziele Dekarbonisierung, Energie-, Nahrungsmittel- und Wassersicherheit, Beseitigung der extremen Armut sowie den Schutz der Biosphäre und der biologischen Vielfalt legen.[23]

3. DIE NEUE GEOPOLITIK

Die Vereinigten Staaten müssen sich weltweit engagieren und aktuelle und zukünftige internationale Abkommen ratifizieren, denen sie sich bisher enthalten haben.[24]

Dazu gehören wichtige Abkommen zum Schutz von Menschenrechten und der Umwelt:[24]

1972 – Raketenabwehrvertrag, unterzeichnet, aber 2002 zurückgezogen
1977 – Menschenrechtskonvention, unterzeichnet, aber nicht ratifiziert
1979 – Übereinkommen zur Beseitigung jeder Form von Diskriminierung der Frau, unterzeichnet, aber nicht ratifiziert
1989 – UN-Kinderrechtskonvention, unterzeichnet, aber nicht ratifiziert
1990 – UN-Konvention zum Schutz der Rechte aller Wanderarbeitnehmer und ihrer Familienangehörigen (UN-Wanderarbeiterkonvention), nicht unterzeichnet
1991 – UN-Seerechtsübereinkommen, nicht unterzeichnet
1992 – Übereinkommen über die biologische Vielfalt (Biodiversitätskonvention), unterzeichnet, aber nicht ratifiziert
1996 – Vertrag über das umfassende Verbot von Nuklearversuchen (Kernwaffenteststopp-Vertrag: CTBT), unterzeichnet, aber nicht ratifiziert

1997 – Kyoto-Protokoll, unterzeichnet, aber ohne Absichten einer Ratifizierung
1997 – Minenverbotsvertrag, nicht unterzeichnet
1998 – Anerkennung des Internationalen Strafgerichtshofes, nicht unterzeichnet
1999 – Übereinkommen zur Beseitigung jeder Form von Diskriminierung der Frau (Zusatzprotokoll), nicht unterzeichnet
2002 – Zusatzprotokoll zum Übereinkommen gegen Folter, nicht unterzeichnet
2006 – Internationales Übereinkommen zum Schutz aller Personen vor dem erzwungenen Verschwindenlassen, nicht unterzeichnet
2007 – Übereinkommen über die Rechte von Menschen mit Behinderungen (UN-Behindertenrechtskonvention), unterzeichnet, aber nicht ratifiziert
2008 – Übereinkommen über Streumunition (Streubombenkonvention), nicht unterzeichnet
2011 – Abkommen zur Bekämpfung von Produkt- und Markenpiraterie, unterzeichnet, aber nicht ratifiziert
2013 – Vertrag über den Waffenhandel, unterzeichnet, aber nicht ratifiziert
2016 – Transpazifische Partnerschaft unterzeichnet; 2017 wieder ausgestiegen

Wir müssen den Aufstieg des Ostens anerkennen.[25]

Die chinesische Wirtschaft schließt rasch zur US-Wirtschaft auf und hat sie in Bezug auf die Kaufkraft bereits überholt.[26]

**IM JAHR
2050 WERDEN
10 MILLIARDEN
MENSCHEN AUF
DER ERDE LEBEN.**

Bis 2050 wird mehr als die Hälfte des globalen BIP in Asien erwirtschaftet werden.[25]

Im Jahr 2050 werden 10 Milliarden Menschen auf der Erde leben.[27]

5,2 Milliarden davon werden in Asien leben.[27]

Würden diese 5 Milliarden auf demselben Konsumniveau leben wie die reichste Milliarde der Bevölkerung heute, dann wäre ihr Verbrauch 5- bis 10-mal höher.[28, 29]

Es wäre so, als würden mindestens 46 Milliarden Menschen auf der Erde leben.[28, 29]

Wir haben in diesem Buch gesehen, welchen Schaden schon unser heutiges Konsumniveau verursacht hat – man stelle sich den Schaden vor, der mit dem zehnfachen Verbrauch angerichtet würde.[30]

Daher müssen alle Lösungen zur Rettung unseres Planeten von Asien ausgehen oder mitgestaltet werden.[31]

4. SINNVOLLE GLOBALE ZIELE FESTLEGEN

Globaler CO_2-Ausstoß auf Null bis 2050.[32]

Zwischen 2050 und 2100 negative CO_2-Emissionen erreichen.[32]

GLOBALER
CO_2-AUSSTOSS
AUF NULL BIS 2050.

BIS 2030 MUSS DIE ABHOLZUNG VOLLSTÄNDIG GESTOPPT SEIN.

Bis 2030 muss die Abholzung vollständig gestoppt sein.[33]

Bis 2050 müssen eine Billion neue Bäume gepflanzt werden.[32]

Der Konsum der Industrieländer darf bis 2050 nur noch die Hälfte und bis 2100 noch ein Viertel betragen.[34]

Bis 2030 muss die Anzahl der Betroffenen halbiert werden, die von weniger als 5 US-Dollar am Tag leben.[35]

Ein auf das jeweilige Land zugeschnittenes bedingungsloses Grundeinkommen für alle verbindlich vorschreiben.[36]

Bis 2050 die extreme Armut abschaffen.[37]

Wir haben bereits jetzt genug Geld auf der Welt, um diese Ziele heute zu erreichen.[38]

Was uns fehlt, ist eine aufgeklärte Politik.

5. WEGE IN EINE GEMEINSAME ZUKUNFT ENTWICKELN

Wir müssen positive Feedbacks schaffen, um gemeinsam die Welt zu verändern.

So schnell wie möglich müssen internationale Abkommen zum Klimawandel, zur biologischen Vielfalt und zum Umweltschutz vereinbart werden.[39]

Die nachhaltige Entwicklung muss das Herzstück der Weltwirtschaft sein.[40]

Die grüne Wirtschaft kann Arbeitsplätze, sichere Lebensgrundlagen und eine gesündere Umwelt schaffen.[40]

Die Vereinbarungen zwischen den Ländern müssen sowohl auf wirtschaftlicher als auch auf politischer Ebene unbedingt durchgesetzt werden, um sicherzustellen, dass sich jeder überall für eine bessere und sicherere Zukunft einsetzt.[40]

Internationale Abkommen, Proteste der Bürger und Verhaltensänderungen legitimieren die staatlichen Anpassungsmaßnahmen an den Klimawandel und für den Umweltschutz.[40, 41, 42]

Die Konsumentscheidungen der Bürger und staatliche Vorgaben veranlassen die Unternehmen, ihre Verhaltensweisen zu ändern.[43, 44]

Unternehmen, die moralische Maßstäbe setzen, fördern Verhaltensänderungen bei ihren Mitarbeitern und legitimieren fortschrittliche staatliche Maßnahmen.[45, 46]

Regierungen müssen Belohnungssysteme schaffen für diejenigen Einzelpersonen, Organisationen und Unternehmen, die positive Maßnahmen ergreifen.[43]

Jedes Land muss für sich selbst Lösungen finden, die kulturell und politisch angemessen sind.[43]

Dabei muss jedes Land die primären globalen Ziele – Bewältigung des Klimawandels und der Umweltzerstörung bei gleichzeitiger Steigerung des menschlichen Wohlbefindens und der Sicherheit – fest im Blick haben.

POSITIVE ASPEKTE DER MENSCHLICHEN NATUR

Wir sind die erste Spezies auf der Erde, die Einfluss auf das Wachstum ihrer eigenen Bevölkerung nehmen kann. Der Schlüssel hierzu war und ist die **Bildung** von Frauen und die Bekämpfung der Armut.[47]

Überall auf der Welt nehmen Frauen, die einen höheren Schulabschluss haben, ihre Fertilität selbst in die Hand und bekommen weniger Kinder.[47]

Wir sind die erste Spezies, die dank ihrer **wissenschaftlichen Erkenntnisse** die Konsequenzen ihres Handelns auf lokaler, nationaler, regionaler und globaler Ebene durchschauen kann.

Wir sind die erste Spezies, die dank ihrer **technologischen Fortschritte** fast jedes Problem lösen kann, mit dem sie konfrontiert ist.

IM 21. JAHRHUNDERT MÜSSEN WIR LERNEN, ALS GLOBALE SPEZIES ZU DENKEN UND ZU HANDELN.

RETTEN WIR UNSEREN PLANETEN UND UNS SELBST

Im 21. Jahrhundert müssen wir lernen, als globale Spezies zu denken und zu handeln.

Die nächste Generation ist so stark untereinander vernetzt, dass sie bereits global denkt und lokal handelt.

Wir müssen neue **politische** und ökonomische Systeme schaffen, damit wir alles gleichzeitig im Blick haben:

jedes einzelne Individuum;
unsere globale Spezies;
unseren Planeten –
von dem alles andere abhängt.

NACHWORT

Im Jahr 2020 hat sich durch die Covid-19-Pandemie das Leben fast aller Menschen radikal verändert. Die globalen CO_2-Emissionen sind durch den Rückgang im Verkehrssektor, in der Industrieproduktion und durch den verminderten Konsum nicht lebensnotwendiger Güter gesunken – allerdings nicht in dem Ausmaß wie erwartet. Die Einstellung vieler Aktivitäten hat der Natur wieder mehr Raum zur Entfaltung gegeben, vielerorts war die Luft klarer und weniger verschmutzt. Überall auf der Welt fordern die Menschen für die Zeit nach der Pandemie eine bessere, gesündere und sicherere Welt. Auch wenn die Forderung, die Menschen – ungeachtet aller Risiken für Gesundheit und Leben – wieder in Arbeit zu bringen, unüberhörbar ist. Doch nun ist der Geist aus der Flasche und Menschen in aller Welt ist bewusst geworden, dass eine andere Beziehung zwischen Regierung, Industrie, Zivilgesellschaft und unserem Planeten möglich ist: eine Beziehung, in der Gesundheit und Wohlergehen ein höherer Wert beigemessen wird als den wirtschaftlichen Gewinnen eines Landes oder einer kleinen Minderheit von Einzelpersonen.

Die Pandemie erforderte schnelles und entschiedenes Handeln, was kurzfristig enorme Auswirkungen auf unser lokales und globales Wirtschaftsgeschehen hatte. Diese Krise war zwar kein Modell dafür, wie wir langfristig und systematisch mit Klimawandel und Umweltzerstörung umgehen können, doch sie vermittelt uns wichtige Erkenntnisse darüber, wie wir gemeinsam die Klimakrise bewältigen können. Seit den 1980er-Jahren ist eine Abkehr von staatlichen Regulierungen und allseitiger Unterstützung für die Gesellschaft festzustellen. Dieser Wechsel hat sich von Land zu Land in unterschiedlicher Art und Weise vollzogen, er ist aber überall sichtbar. Ganze Generationen hingen der Vorstellung an, dass Märkte und Unternehmen sowieso alles besser wüssten, weil sie angeblich effizienter sind als all das, was von Regierungsseite vorangetrieben wird. Was aber die Covid-19-Pandemie erschreckend deutlich gemacht hat, ist die Tatsache, dass Märkte, Unternehmen und Industrie strukturell nicht im besten Interesse aller handeln – auch wenn sie für unser modernes Leben unverzichtbar sind. Unternehmen streben von Natur aus danach, Gewinne zu erzielen, rasch zu expandieren und Werte in Form eines Aktienkurses zu schaffen. Dieses Streben macht sie unglaublich dynamisch. Der private Sektor konnte in der Pandemie daher eine wichtige Rolle übernehmen, als er angesichts von Panikkäufen für Lebensmittelsicherheit sorgte, seine Produktion auf lebenswichtige medizinische Güter umstellte und seinen Beitrag zur Entwicklung von Impfstoffen leistete. Viele Unternehmen haben allerdings auch einfach nur auf die Kredite und Rettungspakete des Staates vertraut. Ganz offensichtlich können nur Regierungen diese entscheidende Rolle bei der Aufrechterhaltung unserer Gesundheit und Sicherheit übernehmen, insbesondere in Krisenzeiten.

Wenn auch das Herunterfahren vieler Wirtschaftszweige hier und dort einen ökologischen Nutzen hinsichtlich der sinkenden CO_2-Emissionen und Verluste an biologischer Vielfalt hervorbrachte, so wird es doch nur wenige Vertreter geben, die die sozioökonomischen Kosten dieser Krise als gerechtfertigt ansehen. Tatsächlich scheint der globale Lockdown nur einen geringen Effekt auf den Kohlenstoffdioxidausstoß gehabt zu haben. Einer jüngsten Studie zufolge gingen die CO_2-Emissionen im Jahr 2020 lediglich um 7 % zurück.[1] Die Einstellung fast aller Flüge (etwa 100 000 Flüge pro Tag) und Autofahrten hatte nur geringe Auswirkungen auf unsere gesamte Treibhausgasbelastung. Selbst wenn man die stärkste Verringerung zugrunde legt, sank der globale CO_2-Ausstoß nur auf das Niveau von 2006, und im Jahr 2021 waren die Emissionen schon wieder auf ihr normales Maß hochgeschnellt. Zurückzuführen ist dies darauf, dass sich die Energieerzeugung während der Pandemie kaum verändert hat. Es liegt auf der Hand, dass für einen wirtschaftlichen Aufschwung grüne Maßnahmen von fundamentaler Bedeutung sind, wenn wir die noch größere Bedrohung seitens des Klimawandels abwenden wollen.

Unzweifelhaft können wir feststellen, dass einer der Gründe, warum Covid-19 solch eine schwere und teilweise tödliche Atemwegs- und Bluterkrankung ist, darin liegt, dass es sich um ein zoonotisches Virus handelt, ein Virus, das mutiert ist und deshalb von einem Tier auf den Menschen überspringen kann. Dies bedeutet, dass das Virus eine unserem Immunsystem unbekannte genetische Signatur hat, die unsere Fähigkeit, Antikörper zur Bekämpfung der Infektion zu bilden, verzögert. Es ist wahrscheinlich, dass der illegale Handel mit gefährdeten Tieren wie Fledermäusen und Schuppentieren auf Nassmärkten in China und Südostasien den Sprung des Virus auf den Menschen ermöglichte. Frühere Ausbrüche wie das H5N1-Virus 1996 und das SARS-Virus in den Jahren 2002 und 2003 haben gezeigt, wie hoch das Risiko solcher zoonotischer Virusausbrüche ist. Nach jedem dieser Ausbrüche verbot die chinesische Regierung alle Nassmärkte und den damit verbundenen Handel mit Wildtieren, lockerte dann aus kulturellen Gründen diese Restriktionen jedoch immer wieder.

Bessere Regierungsführung hieße, die Warnungen von Experten vor zoonotischen Viren zu beherzigen und einen strategischen Ansatz vorausschauender Maßnahmen zu verfolgen, der diesen Handel eindämmt: die Förderung eines kulturellen Wandels, begleitet von schrittweise durchgesetzten Beschränkungen. Zum jetzigen Zeitpunkt sollte der Schwerpunkt darauf liegen, ein koordiniertes und langfristiges Verbot für den Handel mit Wildtieren durchzusetzen, insbesondere im Hinblick auf die globalen Auswirkungen, die die wachsende Nachfrage nach Wildtieren auf seltene Tierarten hat. Die Gesundheit und Sicherheit unzähliger Menschen werden davon abhängen, ob wir unser Verhältnis zur Natur ändern und den Schutz der biologischen Vielfalt und einzigartiger Ökosysteme rund um die Welt gewährleisten können.

Ich habe mit diesem Buch hoffentlich zeigen können, dass staatliche Anreize, politische Maßnahmen, Denkanstöße, Besteuerung, Vorschriften und Durchsetzungskraft unsere

Gesellschaft so gestalten können, dass die besten Ergebnisse erzielt werden. Nach Covid-19 müssen wir diese neue, tatkräftige, fürsorgliche Rolle der Regierenden nutzen, um die nationalen und globalen Wirtschaftssysteme so umzustellen, dass sie durch nachhaltiges Handeln ihren Fußabdruck verkleinern. Wenn wir es richtig anstellen, wird uns dies beim Umgang mit einer zukünftigen Pandemie dienlich sein oder sogar eine weitere Pandemie verhindern helfen – falls wir es schaffen, unseren Umgang mit der Natur und unseren Wildtieren zu verändern. Die Umstellung auf lokal erzeugte erneuerbare Energien beispielsweise erhöht die Energie- und Arbeitsplatzsicherheit, was im Falle eines globalen Pandemie-Lockdowns unerlässlich ist. Die Abschaffung der Subventionen für fossile Brennstoffe schwemmt Billionen zusätzlicher Gelder in unsere Gesundheitssysteme. Wenn wir unseren Fleischkonsum drastisch reduzieren, das Tierwohl fördern, Wildtiere schützen und die biologische Vielfalt bewahren, verbessern wir unsere Gesundheit und verringern das Risiko einer Entstehung von Zoonosen und damit auch weiterer Pandemien. Die Einführung eines universellen bedingungslosen Grundeinkommens reduziert nachweislich den nicht lebensnotwendigen Konsum, verkleinert den CO_2-Fußabdruck und schützt die Wirtschaft vor einer neuen Pandemie, da jeder Einzelne genug Geld zum Leben hat, unabhängig davon, wie lange eine Beschränkung durch Social Distancing bestehen bleibt.

Covid-19 hat unsere Sicht auf Regierungen und deren Funktion für die Gesellschaft verändert. Wenn wir diese Erfahrungen verinnerlichen, haben wir es in der Hand,

Win-win-Lösungen zur Bewältigung des Klimawandels und der Umweltkatastrophen zu finden. Unsere Rolle als mitdenkende Bürger verpflichtet uns, dafür zu sorgen, dass Regierungen tatsächlich im Interesse aller handeln, und dass sie die biologische Vielfalt und kostbaren Ressourcen bewahren sowie zur Stabilität des Klimas beitragen. Wir, das Volk, sind der Staat, und unsere Regierungen müssen in unserem Sinne und zu unserem Besten regieren.

Zu meinem letzten Geburtstag schickte mir ein Freund eine Karte mit folgendem Spruch auf der Vorderseite:

„Die Zukunft wartet auf diejenigen, die den Mut haben, sie zu gestalten."

Dieses Buch hat hoffentlich deutlich gemacht, dass wir – wenn wir den Mut haben – eine bessere, gerechtere und sicherere Zukunft für alle schaffen können.

QUELLEN

KAPITEL 1: DIE GESCHICHTE UNSERES PLANETEN

1. Planck Collaboration, ‚Planck 2018 results, VI. Cosmological parameters', *Astronomy & Astrophysics* (2018), 1–72.
2. G. Lemaître, ‚The beginning of the world from the point of view of quantum theory', *Nature* 127 (1931), 706.
3. E. Hubble, ‚A relation between distance and radial velocity among extra-galactic nebulae', *Proceedings of the National Academy of Sciences of the USA* 15 (1929), 168–173.
4. A. A. Penzias & R. W. Wilson, ‚A measurement of excess antenna temperature at 4080 Mc/s', *The Astrophysical Journal* 142 (1965), 419–421.
5. I. Ferreras, *Fundamentals of Galaxy Dynamics, Formation and Evolution* (UCL Press, 2019).
6. S. W. Stahler & F. Palla, *The Formation of Stars* (Wiley, 2004).
7. A. S. Eddington, ‚The internal constitution of the stars', *Science* 52 (1920), 233–240.
8. F. Hoyle, ‚On nuclear reactions occurring in very hot stars. I. The synthesis of elements from carbon to nickel', *The Astrophysical Journal Supplement Series* 1 (1954), 121–146.
9. D. A. Fischer & J. Valenti, ‚The planet-metallicity correlation', *The Astrophysical Journal* 622 (2005), 1102–1117.
10. E. M. Burbidge, G. R. Burbidge, W. A. Fowler & F. Hoyle, ‚Synthesis of the elements in stars', *Reviews of Modern Physics* 29 (1957), 547–650.

11. A. Bouvier & M. Wadhwa, ‚The age of the Solar System redefined by the oldest Pb–Pb age of a meteoritic inclusion', *Nature Geoscience* 3 (2010), 637–641.
12. S. Jain, ‚The Cosmic Bodies' in *Fundamentals of Physical Geology*, Hrsg. S. Jain (Springer India, 2014), 37–53.
13. G. Faure & T. M. Mensing, ‚From Speculation to Understanding' in *Introduction to Planetary Science: The Geological Perspective*, Hrsg. G. Faure & T. M. Mensing (Springer Netherlands, 2007), 13–21.
14. C. H. Langmuir & W. Broecker, *How to Build a Habitable Planet: The Story of Earth from the Big Bang to Humankind* (Princeton University Press, 2012).
15. J. Laskar, F. Joutel & P. Robutel, ‚Stabilization of the Earth's obliquity by the Moon', *Nature* 361 (1993), 615–617.
16. M. S. Dodd et al., ‚Evidence for early life in Earth's oldest hydrothermal vent precipitates', *Nature* 543 (2017), 60–64.
17. M. McFall-Ngai et al., ‚Animals in a bacterial world, a new imperative for the life sciences', *Proceedings of the National Academy of Sciences of the USA* 110 (2013), 3229–3236.
18. A. H. Knoll, E. J. Javaux, D. Hewitt & P. Cohen, ‚Eukaryotic organisms in Proterozoic oceans', *Philosophical Transactions of the Royal Society B: Biological Sciences* 361 (2006), 1023–1038.
19. L. Chen, S. Xiao, K. Pang, C. Zhou & X. Yuan, ‚Cell differentiation and germ–soma separation in Ediacaran animal embryo-like fossils', *Nature* 516 (2014), 238–241.
20. A. C. Maloof et al., ‚The earliest Cambrian record of animals and ocean geochemical change', *GSA Bulletin* 122 (2010), 1731–1774.
21. D. G. Shu et al., ‚Lower Cambrian vertebrates from south China', *Nature* 402 (1999), 42–46.
22. S. G. Lucas & Z. Luo, ‚*Adelobasileus* from the Upper Triassic of West Texas: The oldest mammal', *Journal of Vertebrate Paleontology* 13 (1993), 309–334.
23. M. Maslin, *The Cradle of Humanity: How the Changing Landscape of Africa Made Us So Smart* (Oxford University Press, 2017).
24. J. H. Kaas, ‚The origin and evolution of neocortex: From early mammals to modern humans', *Progress in Brain Research* 250 (2019), 61–81.

25. T. J. D. Halliday, P. Upchurch & A. Goswami, ‚Eutherians experienced elevated evolutionary rates in the immediate aftermath of the Cretaceous–Palaeogene mass extinction', *Proceedings of the Royal Society B: Biological Sciences* 283 (2016), 1–8.
26. P. R. Renne et al., ‚Time scales of critical events around the Cretaceous–Paleogene boundary', *Science* 339 (2013), 684–687.
27. C. A. Emerling, F. Delsuc & M. W. Nachman, ‚Chitinase genes (CHIAs) provide genomic footprints of a post-Cretaceous dietary radiation in placental mammals', *Science Advances* 4 (2018), 1–10.
28. J. D. Archibald, *Extinction and Radiation: How the Fall of Dinosaurs Led to the Rise of Mammals* (Johns Hopkins University Press, 2011).
29. X. Ni et al., ‚The oldest known primate skeleton and early haplorhine evolution', *Nature* 498 (2013), 60–64.
30. S. Shultz, C. Opie & Q. D. Atkinson, ‚Stepwise evolution of stable sociality in primates', *Nature* 479 (2011), 219–222.
31. C. V. Ward, A. S. Hammond, J. M. Plavcan & D. R. Begun, ‚A late Miocene hominid partial pelvis from Hungary', *Journal of Human Evolution* 136 (2019), 1–25.
32. M. Brunet et al., ‚A new hominid from the Upper Miocene of Chad, Central Africa', *Nature* 418 (2002), 145–151.
33. B. Senut et al., ‚Palaeoenvironments and the origin of hominid bipedalism', *Historic Biology* 30 (2018), 284–296.
34. S. Harmand et al., ‚3.3-million-year-old stone tools from Lomekwi 3, West Turkana, Kenya', *Nature* 521 (2015), 310–315.
35. S. Shultz & M. Maslin, ‚Early human speciation, brain expansion and dispersal influenced by African climate pulses', *PLOS ONE* 8 (2013), 1–7; und M. A. Maslin et al., ‚A synthesis of the theories and concepts of early human evolution', *Philosophical Transactions of the Royal Society B: Biological Sciences* 370 (2015), 20140064: https://doi.org/10.1098/rstb.2014.0064.
36. F. Carotenuto et al., ‚Venturing out safely: The biogeography of *Homo erectus* dispersal out of Africa', *Journal of Human Evolution* 95 (2016), 1–12.

37. N. T. Roach, M. Venkadesan, M. J. Rainbow & D. E. Lieberman, ‚Elastic energy storage in the shoulder and the evolution of high-speed throwing in *Homo*', *Nature* 498 (2013), 483–486.
38. L. C. Aiello & C. Key, ‚Energetic consequences of being a *Homo erectus* female', *American Journal of Human Biology* 14 (2002), 551–565.
39. C. A. O'Connell & J. M. DeSilva, ‚Mojokerto revisited: Evidence for an intermediate pattern of brain growth in *Homo erectus*', *Journal of Human Evolution* 65 (2013), 156–161.
40. D. M. Bramble & D. E. Lieberman, ‚Endurance running and the evolution of *Homo*', *Nature* 432 (2004), 345–352.
41. S. W. Simpson et al., ‚A Female *Homo erectus* pelvis from Gona, Ethiopia', *Science* 322 (2008), 1089–1092.
42. J. C. A. Joordens et al., ‚*Homo erectus* at Trinil on Java used shells for tool production and engraving', *Nature* 518 (2015), 228–231.
43. K. G. Hatala et al., ‚Footprints reveal direct evidence of group behavior and locomotion in *Homo erectus*', *Scientific Reports* 6 (2016), 1–9.
44. J. A. J. Gowlett & R. W. Wrangham, ‚Earliest fire in Africa: Towards the convergence of archaeological evidence and the cooking hypothesis', *Azania: Archaeological Research in Africa* 48 (2013), 5–30.
45. D. Richter et al., ‚The age of the hominin fossils from Jebel Irhoud, Morocco, and the origins of the Middle Stone Age', *Nature* 546 (2017), 293–296.
46. A. Bouzouggar et al., ‚82 000-year-old shell beads from North Africa and implications for the origins of modern human behavior', *Proceedings of the National Academy of Sciences of the USA* 104 (2007), 9964–9969.
47. R. Nielsen et al., ‚Tracing the peopling of the world through genomics', *Nature* 541 (2017), 302–310.
48. B. Hood, *The Domesticated Brain: A Pelican Introduction* (Penguin, 2014), 336.
49. J. F. Hoffecker, *Modern Humans: Their African Origin and Global Dispersal* (Columbia University Press, 2017).
50. C. Gamble, J. Gowlett & R. Dunbar, *Thinking Big: How the Evolution of Social Life Shaped the Human Mind* (Thames & Hudson, 2014), 224.
51. S. L. Lewis & M. A. Maslin, *The Human Planet: How We Created the Anthropocene* (Penguin, 2018).

KAPITEL 2: DIE GESCHICHTE DER MENSCHHEIT

1. J. F. Hoffecker, *Modern Humans: Their African Origin and Global Dispersal* (Columbia University Press, 2017).
2. M. W. Pedersen et al., ,Postglacial viability and colonization in North America's ice-free corridor', *Nature* 537 (2016), 45–49.
3. S. L. Lewis & M. A. Maslin, *The Human Planet: How We Created the Anthropocene* (Penguin, 2018).
4. A. D. Barnosky, P. L. Koch, R. S. Feranec, S. L. Wing & A. B. Shabel, ,Assessing the causes of Late Pleistocene extinctions on the continents', *Science* 306 (2004), 70–75.
5. A. D. Barnosky, ,Megafauna biomass tradeoff as a driver of Quaternary and future extinctions', *Proceedings of the National Academy of Sciences of the USA* 105 (2008), 11.543–11.548.
6. M. Maslin, *The Cradle of Humanity: How the Changing Landscape of Africa Made Us So Smart* (Oxford University Press, 2017).
7. Y. Malhi, ,The Metabolism of a Human-Dominated Planet' in *Is the Planet Full?*, Hrsg. I. Goldin (Oxford University Press, 2014), 142–163.
8. J. M. Diamond, *Guns, Germs, and Steel: The Fates of Human Societies* (W. W. Norton & Co., 1999).
9. G. Larson et al., ,Current perspectives and the future of domestication studies', *Proceedings of the National Academy of Sciences of the USA* 111 (2014), 6139–6146.
10. N. D. Wolfe, C. P. Dunavan & J. Diamond, ,Origins of major human infectious diseases', *Nature* 447 (2007), 279–283.
11. W. F. Ruddiman, ,The anthropogenic greenhouse era began thousands of years ago', *Climatic Change* 61 (2003), 261–293.
12. W. F. Ruddiman, Z. Guo, X. Zhou, H. Wu & Y. Yu, ,Early rice farming and anomalous methane trends', *Quaternary Science Reviews* 27 (2008), 1291–1295.
13. W. F. Ruddiman et al., ,Late Holocene climate: Natural or anthropogenic?', *Reviews of Geophysics* 54 (2016), 93–118.

14. US Census Bureau, ‚Historical estimates of world population' (2018): https://www.census.gov/data/tables/time-series/demo/international-programs/historical-est-worldpop.html.
15. R. H. Fuson, *The Log of Christopher Columbus* (International Marine Publishing Company, 1987).
16. A. Koch, C. Brierley, M. A. Maslin & S. L. Lewis, ‚Earth system impacts of the European arrival and Great Dying in the Americas after 1492', *Quaternary Science Reviews* 207 (2019), 13–36.
17. A. W. Crosby, ‚Virgin soil epidemics as a factor in the aboriginal depopulation in America', *The William and Mary Quarterly* 33 (1976), 289–299.
18. R. S. Walker, L. Sattenspiel & K. R. Hill, ‚Mortality from contact-related epidemics among indigenous populations in Greater Amazonia', *Scientific Reports* 5 (2015), 1–9.
19. H. F. Dobyns, ‚Disease transfer at contact', *Annual Review of Anthropology* 22 (1993), 273–291.
20. N. D. Cook, *Born to Die: Disease and New World Conquest, 1492–1650* (Cambridge University Press, 1998).
21. C. C. Mann, *1491: New Revelations of the Americas before Columbus* (Knopf, 2005).
22. A. W. Crosby, *The Columbian Exchange: Biological and Cultural Consequences of 1492* (Praeger, 2003).
23. D. Wootton, *The Invention of Science: A New History of the Scientific Revolution* (Penguin, 2015).
24. I. Wallerstein, ‚The rise and future demise of the world capitalist system: Concepts for comparative analysis', *Comparative Studies in Society and History* 16 (1974), 387–415.
25. H. S. Klein, *The Atlantic Slave Trade* (Cambridge University Press, 1999).
26. J. Micklethwait & A. Wooldridge, *The Company: A Short History of a Revolutionary Idea* (Phoenix, 2005).
27. G. J. Ames, *The Globe Encompassed: The Age of European Discovery, 1500–1700* (Pearson Prentice Hall, 2008).
28. W. Dalrymple, *The Anarchy: The Relentless Rise of the East India Company* (Bloomsbury, 2019).

29. J. Horn, L. N. Rosenband & M. R. Smith, *Reconceptualizing the Industrial Revolution* (MIT Press, 2010).
30. R. C. Allen, *The British Industrial Revolution in Global Perspective* (Cambridge University Press, 2009).
31. UN DESA, Population Division, ‚The 1998 revision of the United Nations population projections', *Population and Development Review* 24 (1998), 891–895.
32. B. W. Clapp, *An Environmental History of Britain since the Industrial Revolution* (Taylor & Francis, 1994).
33. IPCC, *Climate Change 2013: The Physical Science Basis. Contribution of Working Group I to the Fifth Assessment Report of the Intergovernmental Panel on Climate Change* (2013): https://www.ipcc.ch/site/assets/uploads/2018/02/WG1AR5_all_final.pdf.
34. C. I. Archer, J. R. Ferris, H. H. Herwig & T. H. E. Travers, *World History of Warfare* (University of Nebraska Press, 2002).
35. G. O'Reilly, *Aligning Geopolitics, Humanitarian Action and Geography in Times of Conflict* (Springer Nature, 2019).
36. H. G. Wells, *The War That Will End War* (Duffield & Co., 1914).
37. P. N. Stearns, *The Industrial Revolution in World History* (Taylor & Francis, 2013).
38. A. Klasen (Hrsg.), *The Handbook of Global Trade Policy* (Wiley-Blackwell, 2020).
39. W. Steffen, W. Broadgate, L. Deutsch, O. Gaffney & C. Ludwig, ‚The trajectory of the Anthropocene: The Great Acceleration', *The Anthropocene Review* 2 (2015), 81–98.
40. N. Lewkowicz, *The United States, the Soviet Union and the Geopolitical Implications of the Origins of the Cold War* (Anthem Press, 2018).
41. R. S. Norris & H. M. Kristensen, ‚Global nuclear weapons inventories, 1945–2010', *Bulletin of the Atomic Scientists* 66 (2010), 77–83.
42. J. R. McNeill & P. Engelke, *The Great Acceleration: An Environmental History of the Anthropocene since 1945* (Harvard University Press, 2014).
43. United Nations, *World Population Prospects 2019: Highlights* (2019): https://population.un.org/wpp/Publications/Files/WPP2019_Highlights.pdf.

44. J. H. Brown et al., ‚Energetic limits to economic growth', *BioScience* 61 (2011), 19–26.
45. D. McNally, *Global Slump: The Economics and Politics of Crisis and Resistance* (PM Press, 2011).
46. R. Shretta, ‚The economic impact of COVID-19' (University of Oxford, 7. April 2020).

KAPITEL 3: DER ZUSTAND UNSERER WELT

1. S. L. Lewis & M. A. Maslin, *The Human Planet: How We Created the Anthropocene* (Penguin, 2018).
2. C. N. Waters et al., ‚The Anthropocene is functionally and stratigraphically distinct from the Holocene', ***Science*** 351 (2016), 137–147.
3. B. H. Wilkinson, ‚Humans as geologic agents: A deep-time perspective', *Geology* 33 (2005), 161–164.
4. R. M. Hazen, E. S. Grew, M. J. Origlieri & R. T. Downs, ‚On the mineralogy of the "Anthropocene Epoch"', *American Mineralogist* 102 (2017), 595–611.
5. W. Steffen, W. Broadgate, L. Deutsch, O. Gaffney & C. Ludwig, ‚The trajectory of the Anthropocene: The Great Acceleration', *The Anthropocene Review* 2 (2015), 81–98.
6. J. Boucher & D. Friot, *Primary Microplastics in the Oceans: A Global Evaluation of Sources* (IUCN, 2017).
7. BBC News, ‚Mariana Trench: Deepest-ever sub dive finds plastic bag' (13. Mai 2019): https://www.bbc.co.uk/news/science-environment-48230157.
8. J. Chapman, ‚Introduction' in *Routledge Handbook of Sustainable Product Design*, Hrsg. J. Chapman (Taylor & Francis, 2017).
9. J. N. Galloway et al., ‚Transformation of the nitrogen cycle: Recent trends, questions, and potential solutions', ***Science*** 320 (2008), 889–892.
10. United Nations, *World Population Prospects 2019: Highlights* (2019): https://population.un.org/wpp/Publications/Files/WPP2019_Highlights.pdf.
11. T. W. Crowther et al., ‚Mapping tree density at a global scale', *Nature* 525 (2015), 201–205.

12. V. Smil, *Harvesting the Biosphere: What We Have Taken from Nature* (MIT Press, 2013).
13. FAO, *The State of World Fisheries and Aquaculture 2018: Meeting the Sustainable Development Goals* (2018): http://www.fao.org/3/I9540EN/i9540en.pdf.
14. FAO, *World Food and Agriculture: Statistical Pocketbook 2019* (2019): http://www.fao.org/3/ca6463en/CA6463EN.pdf.
15. J. Baillie et al., *2004 IUCN Red List of Threatened Species: A Global Species Assessment* (IUCN, 2004).
16. L. Mitchell, E. Brook, J. E. Lee, C. Buizert & T. Sowers, ‚Constraints on the late Holocene anthropogenic contribution to the atmospheric methane budget', ***Science*** 342 (2013), 964–966.
17. WMO, *WMO Greenhouse Gas Bulletin No. 15: The State of Greenhouse Gases in the Atmosphere Based on Global Observations through 2018* (2018): https://library.wmo.int/doc_num.php?explnum_id=10100.
18. IPCC, *Climate Change 2013: The Physical Science Basis. Contribution of Working Group I to the Fifth Assessment Report of the Intergovernmental Panel on Climate Change* (2013).
19. H. Ritchie & M. Roser, ‚CO_2 and greenhouse gas emissions' (Our World in Data, 2017): https://ourworldindata.org/co2-and-other-greenhouse-gas-emissions.
20. M. Willeit, A. Ganopolski, R. Calov & V. Brovkin, ‚Mid-Pleistocene transition in glacial cycles explained by declining CO_2 and regolith removal', *Science Advances* 5 (2019), 1–8.
21. M. Maslin, *Climate Change: A Very Short Introduction* (Oxford University Press, 2014).
22. K. Caldeira & M. E. Wickett, ‚Anthropogenic carbon and ocean pH', *Nature* 425 (2003), 365.
23. IUCN, *Ocean Deoxygenation: Everyone's Problem – Causes, Impacts, Consequences and Solutions* (2019).
24. J. Fourier, ‚*Remarques générales sur les températures du globe terrestre et des espaces planétaires*', *Annales de Chimie et de Physique* 27 (1824), 136–167.

25. IPCC, *Climate Change 2014: Synthesis Report. Contribution of Working Groups I, II and III to the Fifth Assessment Report of the Intergovernmental Panel on Climate Change* (2014).
26. J. Wang et al., ‚Global land surface air temperature dynamics since 1880', *International Journal of Climatology* 38 (2018), 466–474.
27. L. Cheng et al., ‚Record-setting ocean warmth continued in 2019', *Advances in Atmospheric Sciences* 37 (2020), 137–142.
28. R. S. Nerem et al., ‚Climate-change-driven accelerated sea-level rise detected in the altimeter era', *Proceedings of the National Academy of Sciences of the USA* 115 (2018), 2022–2025.
29. K. E. Kunkel et al., ‚Trends and extremes in Northern Hemisphere snow characteristics', *Current Climate Change Reports* 2 (2016), 65–73.
30. J. Stroeve & D. Notz, ‚Changing state of Arctic sea ice across all seasons', *Environmental Research Letters* 13 (2018), 1–23.
31. World Glacier Monitoring Service, *Global Glacier Change Bulletin No. 2 (2014–2015)* (2017): https://wgms.ch/downloads/WGMS_GGCB_02.pdf.
32. A. Shepherd et al., ‚Mass balance of the Greenland Ice Sheet from 1992 to 2018', *Nature* 579 (2019): doi:10.1038/s41586-019-1855-2.
33. E. Rignot et al., ‚Four decades of Antarctic Ice Sheet mass balance from 1979–2017', *Proceedings of the National Academy of Sciences of the USA* 116 (2019), 1095–1103.
34. B. K. Biskaborn et al., ‚Permafrost is warming at a global scale', *Nature Communications* 10 (2019), 1–11.
35. S. Piao et al., ‚Plant phenology and global climate change: Current progresses and challenges', *Global Change Biology* 25 (2019), 1922–1940.
36. C. Howard et al., ‚Flight range, fuel load and the impact of climate change on the journeys of migrant birds', *Proceedings of the Royal Society B: Biological Sciences* 285 (2018), 1–9.
37. C. Parmesan, ‚Ecological and evolutionary responses to recent climate change', *Annual Review of Ecology, Evolution, and Systematics* 37 (2006), 637–669.

38. K. T. Bhatia et al., ‚Recent increases in tropical cyclone intensification rates', *Nature Communications* 10 (2019), 1–9.
39. S. A. Kulp & B. H. Strauss, ‚New elevation data triple estimates of global vulnerability to sea-level rise and coastal flooding', *Nature Communications* 10 (2019), 1–12.
40. E. Bevacqua et al., ‚Higher probability of compound flooding from precipitation and storm surge in Europe under anthropogenic climate change', *Science Advances* 5 (2019), 1–7.
41. B. I. Cook, J. S. Mankin & K. J. Anchukaitis, ‚Climate change and drought: From past to future', *Current Climate Change Reports* 4 (2018), 164–179.
42. P. Pfleiderer, C.-F. Schleussner, K. Kornhuber & D. Coumou, ‚Summer weather becomes more persistent in a 2°C world', *Nature Climate Change* 9 (2019), 666–671.
43. M. W. Jones et al., ‚Climate change increases the risk of wildfires' (Science Brief, 2020): https://sciencebrief.org/briefs/wildfires.
44. NOAA, ‚State of the Climate: Global Climate Report for Annual 2019' (2020): https://www.ncdc.noaa.gov/sotc/global/201913.
45. Oxfam, *Extreme Carbon Inequality* (2015): https://oi-files-d8-prod.s3.eu-west-2.amazonaws.com/s3fs-public/file_attachments/mb-extreme-carbon-inequality-021215-en.pdf.
46. World Bank, *Atlas of Sustainable Development Goals 2018: From World Development Indicators* (2018).
47. FAO, *The State of Food Security and Nutrition in the World 2019: Safeguarding Against Economic Slowdowns and Downturns* (2019).
48. US Department of Agriculture, ‚Food prices and spending' (2019): https://www.ers.usda.gov/data-products/ag-and-food-statistics-charting-the-essentials/food-prices-and-spending/.
49. FAO of the United Nations, *Building on Gender, Agrobiodiversity and Local Knowledge* (2005): http://www.fao.org/3/a-y5956e.pdf.
50. E. Holt-Giménez, A. Shattuck, M. Altieri, H. Herren & S. Gliessman, ‚We already grow enough food for 10 billion people … and still can't end hunger', *Journal of Sustainable Agriculture* 36 (2012), 595–598.

51. UNICEF, *Levels and Trends in Child Mortality: Report 2019* (2019): https://www.unicef.org/media/60561/file/UN-IGME-child-mortality-report-2019.pdf.
52. J. Buzby, H. Wells & J. Hyman, *The Estimated Amount, Value, and Calories of Postharvest Food Losses at the Retail and Consumer Levels in the United States* (US Department of Agriculture, 2014).
53. FAO, *The State of Food and Agriculture: Innovation in Family Farming* (2014): http://www.fao.org/3/a-i4040e.pdf; doi:10.13140/2.1.3919.7765.
54. World Bank, ‚Employment in agriculture (% of total employment)' (2019): https://data.worldbank.org/indicator/SL.AGR.EMPL.ZS.
55. IEA, IRENA, UNSD, WB, WHO, *Tracking SDG 7: The Energy Progress Report 2019* (2019).

KAPITEL 4: DIE TAXONOMIE DES LEUGNENS

1. N. McCarthy, ‚Oil and gas giants spend millions lobbying to block climate change policies', *Forbes* (25 March 2019): https://www.forbes.com/sites/niallmccarthy/2019/03/25/oil-and-gas-giants-spend-millions-lobbying-to-block-climate-change-policies-infographic/?sh=1eecd6af7c4f.
2. N. Stern et al., *Stern Review: The Economics of Climate Change* (UK Government, 2006).
3. IPCC, *Climate Change 2021: The Physical Science Basis. Contribution of Working Group I to the Sixth Assessment Report of the Intergovernmental Panel on Climate Change* (2021).
4. R. Neukom, N. Steiger, J. J. Gómez-Navarro et al., ‚No evidence for globally coherent warm and cold periods over the preindustrial Common Era', *Nature* 571 (2019), 550–54: https://doi.org/10.1038/s41586-019-1401-2.
5. N. Watts et al., ‚The 2020 Report of The *Lancet* Countdown on Health and Climate Change', *Lancet* 396 (2020): 1129–306.
6. NASA-JPL, ‚Graphic: Temperature vs solar activity' (2020): https://climate.nasa.gov/climate_resources/189/graphic-temperature-vs-solar-activity/.
7. T. Sloan & A. W. Wolfendale, ‚Cosmic rays, solar activity and the climate', *Environmental Research Letters* 8 (2013), 1–7.

8. E. Foote, ‚Circumstances affecting the heat of sun's rays', *American Journal of Art and Science* XXII (1856), 382–383.
9. WHO, *Concise International Chemical Assessment Document 61, Hydrogen Cyanide and Cyanides: Human Health Aspects* (2004), 73: https://www.who.int/ipcs/publications/cicad/en/cicad61.pdf.
10. IPCC, *Climate Change 2013: The Physical Science Basis. Contribution of Working Group I to the Fifth Assessment Report of the Intergovernmental Panel on Climate Change* (2013).
11. NASA-JPL, ‚Scientific consensus: Earth's climate is warming' (2020): https://climate.nasa.gov/scientific-consensus/.
12. M. Maslin, ‚Cascading uncertainty in climate change models and its implications for policy', *Geographical Journal* 179 (2013), 264–271.
13. I. Ghosh, ‚The $88 trillion world economy in one chart', *Visual Capitalist* (14. September 2020): https://www.visualcapitalist.com/the-88-trillion-world-economy-in-one-chart/.
14. New Climate Economy, *Unlocking the Inclusive Growth Story of the 21st Century: Accelerating Climate Action in Urgent Times* (2018): https://newclimateeconomy.report/2018/wp-content/uploads/sites/6/2019/04/NCE_2018Report_Full_FINAL.pdf.
15. D. Coady, I. Parry, N. Le & B. Shang, *Global Fossil Fuel Subsidies Remain Large: An Update Based on Country-Level Estimates* (IMF-Arbeitspapier, 2019): https://www.imf.org/en/Publications/WP/Issues/2019/05/02/Global-Fossil-Fuel-Subsidies-Remain-Large-An-Update-Based-on-Country-Level-Estimates-46509.
16. S. A. Kulp & B. H. Strauss, ‚New elevation data triple estimates of global vulnerability to sea-level rise and coastal flooding', *Nature Communications* 10 (2019), 1–12.
17. E. Bevacqua et al., ‚Higher probability of compound flooding from precipitation and storm surge in Europe under anthropogenic climate change', *Science Advances* 5 (2019), 1–7.
18. B. I. Cook, J. S. Mankin & K. J. Anchukaitis, ‚Climate change and drought: From past to future', *Current Climate Change Reports* 4 (2018), 164–179.

19. P. Pfleiderer, C.-F. Schleussner, K. Kornhuber & D. Coumou, ‚Summer weather becomes more persistent in a 2°C world', *Nature Climate Change* 9 (2019), 666–671.
20. D. Shaposhnikov et al., ‚Mortality related to air pollution with the Moscow heat wave and wildfire of 2010', *Epidemiology* 25 (2014), 359–364.
21. D. Barriopedro, E. M. Fischer, J. Luterbacher, R. M. Trigo & R. García-Herrera, ‚The hot summer of 2010: Redrawing the temperature record map of Europe', *Science* 332 (2011), 220–224.
22. J. M. McGrath & D. B. Lobell, ‚Regional disparities in the CO_2 fertilization effect and implications for crop yields', *Environmental Research Letters* 8 (2013): https://iopscience.iop.org/article/10.1088/1748-9326/8/1/014054.
23. M. Maslin, *Climate Change: A Very Short Introduction* (Oxford University Press, 2021).
24. NOAA, Science on a Sphere, ‚Ocean–atmosphere CO_2 exchange' (2020): https://sos.noaa.gov/datasets/ocean-atmosphere-CO2-exchange/.
25. NYDF Assessment Partners, *Protecting and Restoring Forests: A Story of Large Commitments yet Limited Progress* (2019): https://forestdeclaration.org/images/uploads/resource/2019NYDFReport.pdf.
26. P. Guertler & P. Smith, *Cold Homes and Excess Winter Deaths: A Preventable Public Health Epidemic That Can No Longer Be Tolerated* (2018).
27. NOAA, US National Weather Service, ‚Weather related fatality and injury statistics: Weather fatalities 2019' (2019): https://www.weather.gov/hazstat/.
28. WHO, *Public Health Advice on Preventing Health Effects of Heat* (2011): http://www.euro.who.int/__data/assets/pdf_file/0007/147265/Heat_information_sheet.pdf?ua=1.
29. J. Tollefson, ‚The hard truths of climate change – by the numbers', *Nature Briefing* 573 (2019), 325–327.
30. M. Rocha et al., *Historical Responsibility for Climate Change – From Countries Emissions to Contribution to Temperature Increase* (Climate Analytics, 2015).

31. Energy & Climate Intelligence Unit, *Net Zero: Why?* (2018): https://ca1-eci.edcdn.com/briefings-documents/net-zero-why-PDF-compressed.pdf?mtime=20190529123722.
32. L. E. Erickson & M. Jennings, ‚Energy, transportation, air quality, climate change, health nexus: Sustainable energy is good for our health', *AIMS Public Health* 4 (2017), 47–61.
33. L. Georgeson & M. Maslin, ‚Estimating the scale of the US green economy within the global context', *Palgrave Communications* 5 (2019), 121.
34. M. Maslin & S. Lewis, ‚Reforesting an area the size of the US needed to help avert climate breakdown, say researchers – are they right?' *The Conversation* (4. Juli 2019): https://theconversation.com/reforesting-an-area-the-size-of-the-us-needed-to-help-avert-climate-breakdown-say-researchers-are-they-right-119842.

KAPITEL 5: DIE ZUKUNFT – ALBTRAUM ODER ÖKOTOPIE?

1. M. Collins et al., ‚Long-term Climate Change: Projections, Commitments and Irreversibility' in *Climate Change 2013: The Physical Science Basis. Contribution of Working Group I to the Fifth Assessment Report of the Intergovernmental Panel on Climate Change* (2013).
2. P. Pfleiderer, C.-F. Schleussner, K. Kornhuber & D. Coumou, ‚Summer weather becomes more persistent in a 2°C world', *Nature Climate Change* 9 (2019), 666–671.
3. ILO, *Working on a Warmer Planet: The Impact of Heat Stress on Labour Productivity and Decent Work* (2019).
4. M. A. Krawchuk, M. A. Moritz, M.-A. Parisien, J. Van Dorn & K. Hayhoe, ‚Global pyrogeography: The current and future distribution of wildfire', *PLOS ONE* 4 (2009), 1–12.
5. H. Morita & P. Kinney, ‚Wildfires, Air Pollution, Climate Change and Health' in *Climate Change and Global Health*, Hrsg. C. D. Butler (CABI, 2014), 114–123.
6. D. Laffoley & J. M. Baxter, *Explaining Ocean Warming: Causes, Scale, Effects and Consequences* (IUCN, 2016): https://portals.iucn.org/library/node/46254.

7. Great Barrier Reef Marine Park Authority, *Great Barrier Reef Outlook Report 2019: In Brief* (2019).
8. B. I. Cook, J. S. Mankin & K. J. Anchukaitis, ‚Climate change and drought: From past to future', *Current Climate Change Reports* 4 (2018), 164–179.
9. A. Mirzabaev et al., ‚Desertification' in *Climate Change and Land: an IPCC Special Report on Climate Change, Desertification, Land Degradation, Sustainable Land Management, Food Security, and Greenhouse Gas Fluxes in Terrestrial Ecosystems* (2019): https://www.ipcc.ch/srccl/.
10. R. Engelman & P. LeRoy, *Sustaining Water: Population and the Future of Renewable Water Supplies* (Population Action International, 1993).
11. FAO, *Climate Change and Food Security: Risks and Responses* (2016): http://www.fao.org/3/a-i5188e.pdf.
12. D. Notz & J. Stroeve, ‚The trajectory towards a seasonally ice-free Arctic Ocean', *Current Climate Change Reports* 4 (2018), 407–416.
13. M. Meredith et al., ‚Polar Regions' in *IPCC 2019: Special Report on the Ocean and Cryosphere in a Changing Climate* (2019).
14. R. Hock et al., ‚High Mountain Areas' in *IPCC 2019: Special Report on the Ocean and Cryosphere in a Changing Climate* (2019).
15. M. Gilaberte-Búrdalo, F. López-Martín, M. R. Pino-Otín & J. I. López-Moreno, ‚Impacts of climate change on ski industry', *Environmental Science & Policy* 44 (2014), 51–61.
16. L. G. Thompson, H. H. Brecher, E. Mosley-Thompson, D. R. Hardy & B. G. Mark, ‚Glacier loss on Kilimanjaro continues unabated', *Proceedings of the National Academy of Sciences of the USA* 106 (2009), 19.770.
17. P. Wester, A. Mishra, A. Mukherji & A. B. Shrestha (Hrsg.), *The Hindu Kush Himalaya Assessment: Mountains, Climate Change, Sustainability and People* (Springer, 2019): https://link.springer.com/book/10.1007/978-3-319-92288-1.
18. M. Oppenheimer et al., ‚Sea Level Rise and Implications for Low-lying Islands, Coasts and Communities' in *IPCC 2019: Special Report on the Ocean and Cryosphere in a Changing Climate* (2019): https://www.ipcc.ch/srocc/chapter/chapter-4-sea-level-rise-and-implications-for-low-lying-islands-coasts-and-communities/.

19. J. Holder, N. Kommenda & J. Watts, ‚The three-degree world: the cities that will be drowned by global warming', *Guardian* (3. November 2017): https://www.theguardian.com/cities/ng-interactive/2017/nov/03/three-degree-world-cities-drowned-global-warming.
20. M. Maslin, *Climate Change: A Very Short Introduction* (Oxford University Press, 2021).
21. Md. N. Islam & A. van Amstel, *Bangladesh I: Climate Change Impacts, Mitigation and Adaptation in Developing Countries* (Springer Nature, 2018).
22. Environment Agency, *Thames Estuary 2100: Managing Flood Risk Through London and the Thames Estuary* (2012): https://assets.publishing.service.gov.uk/government/uploads/system/uploads/attachment_data/file/322061/LIT7540_43858f.pdf.
23. R. M. DeConto & D. Pollard, ‚Contribution of Antarctica to past and future sea-level rise', *Nature* 531 (2016), 591–597.
24. P. J. Sousounis & C. M. Little, *Climate Change Impacts on Extreme Weather* (Air Worldwide Corp., 2017).
25. T. Knutson et al., ‚Tropical cyclones and climate change assessment: Part II: Projected response to anthropogenic warming', *Bulletin of the American Meteorological Society* 101 (2019), E303–322.
26. J. B. Elsner, J. P. Kossin & T. H. Jagger, ‚The increasing intensity of the strongest tropical cyclones', *Nature* 455 (2008), 92–95.
27. Y. Y. Loo, L. Billa & A. Singh, ‚Effect of climate change on seasonal monsoon in Asia and its impact on the variability of monsoon rainfall in Southeast Asia', *Geoscience Frontiers* 6 (2015), 817–823.
28. WMO, *Integrated Flood Management Tools Series: Urban Flood Management in a Changing Climate* (2012).
29. R. A. Feely, S. C. Doney & S. R. Cooley, ‚Ocean acidification: Present conditions and future changes in a high-CO_2 world', *Oceanography* 22 (2009), 36–47.
30. S. C. Doney, V. J. Fabry, R. A. Feely & J. A. Kleypas, ‚Ocean acidification: The other CO_2 problem', *Annual Review of Marine Science* 1 (2009), 169–192.

31. C. Mbow et al., ‚Food Security' in *Climate Change and Land: an IPCC Special Report on Climate Change, Desertification, Land Degradation, Sustainable Land Management, Food Security, and Greenhouse Gas Fluxes in Terrestrial Ecosystems* (2019): https://www.ipcc.ch/srccl/.
32. J. R. Porter et al., ‚Food Security and Food Production Systems' in *Climate Change 2014: Impacts, Adaptation, and Vulnerability, Part A: Global and Sectoral Aspects. Contributions of Working Group II to the Fifth Assessment Report of the Intergovernmental Panel on Climate Change* (2014): https://www.ipcc.ch/site/assets/uploads/2018/02/WGIIAR5-Chap7_FINAL.pdf.
33. FAO, *The State of Food Security and Nutrition in the World 2019: Safeguarding Against Economic Slowdowns and Downturns* (2019).
34. FAO, *Climate Change, Water and Food Security* (2008).
35. N. Watts et al., ‚The 2019 report of The *Lancet* Countdown on health and climate change: Ensuring that the health of a child born today is not defined by a changing climate', *Lancet* 394 (2019), 1836–1878.
36. K. R. Smith et al., ‚Human Health: Impacts, Adaptation, and Co-benefits' in *Climate Change 2014: Impacts, Adaptation, and Vulnerability, Part A: Global and Sectoral Aspects. Contribution of Working Group II to the Fifth Assessment Report of the Intergovernmental Panel on Climate Change* (2014).
37. IOM, *Migration and Climate Change* (2008).
38. D. J. Cantor, *Cross-border Displacement, Climate Change and Disasters: Latin America and the Caribbean* (UNHCR, 2018): https://www.unhcr.org/uk/protection/environment/5d4a7b737/cross-border-displacement-climate-change-disasters-latin-america-caribbean.html.
39. Q. Wodon, A. Liverani, G. Joseph & N. Bougnoux, *Climate Change and Migration: Evidence from the Middle East and North Africa* (World Bank, 2014).
40. A. Panda, ‚Climate induced migration from Bangladesh to India: Issues and challenges', *SSRN Electronic Journal* 2010, 1–28.
41. EJF, *Beyond Borders: Our Changing Climate – Its Role in Conflict and Displacement* (2017): https://ejfoundation.org/resources/downloads/BeyondBorders.pdf.
42. IPCC, *Global Warming of 1.5°C: An IPCC Special Report* (2019): https://www.ipcc.ch/site/assets/uploads/sites/2/2019/06/SR15_Full_Report_High_Res.pdf.

43. IPCC, *Renewable Energy Sources and Climate Change Mitigation* (2012): https://www.ipcc.ch/site/assets/uploads/2018/03/SRREN_Full_Report-1.pdf.
44. G. Jia et al., ‚Land–Climate Interactions' in *Climate Change and Land: an IPCC Special Report on Climate Change, Desertification, Land Degradation, Sustainable Land Management, Food Security, and Greenhouse Gas Fluxes in Terrestrial Ecosystems* (2019): https://www.ipcc.ch/srccl/.
45. C40 Cities Climate Leadership Group, GCoM & IPCC, *Summary for Urban Policy Makers: What the IPCC Special Report on Global Warming of 1.5°C Means for Cities* (2018): https://www.c40.org/researches/summary-for-urban-policymakers-what-the-ipcc-special-report-on-global-warming-of-1-5-c-means-for-cities.
46. O. Lucon et al., ‚Buildings' in *Climate Change 2014: Mitigation of Climate Change. Contribution of Working Group III to the Fifth Assessment Report of the Intergovernmental Panel on Climate Change* (2014).
47. R. Sims et al., ‚Transport' in *Climate Change 2014: Mitigation of Climate Change. Contribution of Working Group III to the Fifth Assessment Report of the Intergovernmental Panel on Climate Change* (2014).
48. Transport & Environment, *Roadmap to Decarbonising European Aviation* (2018): https://www.transportenvironment.org/wp-content/uploads/2021/07/2018_10_Aviation_decarbonisation_paper_final.pdf.
49. J. Heywood, ‚The virtues of meeting virtually in a time of climate crisis', *RSA* (11 June 2019): .
50. B. A. Jones et al., ‚Zoonosis emergence linked to agricultural intensification and environmental change', *Proceedings of the National Academy of Sciences of the USA* 110 (2013), 8399–8404.
51. RSA, *Creative Citizen, Creative State – The Principled and Pragmatic Case for a Universal Basic Income* (2015)..
52. E. O. Wilson, *Half-Earth: Our Planet's Fight for Life* (W. W. Norton & Co., 2016).
53. K. Gi, F. Sano, K. Akimoto, R. Hiwatari & K. Tobita, ‚Potential contribution of fusion power generation to low-carbon development under the Paris Agreement and associated uncertainties', *Energy Strategy Reviews* 27 (2020), 1–11.

KAPITEL 6: DIE MACHT DES EINZELNEN

1. M. H. Goldberg, S. van der Linden, E. Maibach & A. Leiserowitz, ‚Discussing global warming leads to greater acceptance of climate science', *Proceedings of the National Academy of Sciences of the USA* 116 (2019), 14.804–14.805.
2. Q. Schiermeier, ‚Eat less meat: UN climate-change report calls for change to human diet', *Nature* 572 (2019), 291–292.
3. T. Raphaely & D. Marinova, ‚Flexitarianism: Decarbonising through flexible vegetarianism', *Renewable Energy* 67 (2014), 90–96.
4. P. Scarborough et al., ‚Dietary greenhouse gas emissions of meat-eaters, fish-eaters, vegetarians and vegans in the UK', *Climatic Change* 125 (2014), 179–192.
5. W. Willett et al., ‚Food in the Anthropocene: the EAT–*Lancet* Commission on healthy diets from sustainable food systems', *Lancet* 393 (2019), 447–492.
6. IPCC, *Climate Change and Land: an IPCC Special Report on Climate Change, Desertification, Land Degradation, Sustainable Land Management, Food Security, and Greenhouse Gas Fluxes in Terrestrial Ecosystems* (2019): https://www.ipcc.ch/site/assets/uploads/2019/11/SRCCL-Full-Report-Compiled-191128.pdf.
7. E. Röös, T. Garnett, V. Watz & C. Sjörs, *The Role of Dairy and Plant Based Dairy Alternatives in Sustainable Diets* (Swedish University of Agricultural Sciences, 2018): https://pub.epsilon.slu.se/16016/1/roos_e_et_al_190304.pdf.
8. V. Roeben, ‚The global community is finally acting on climate change, but we need to switch to renewable energy faster', *The Conversation* (22 August 2019): https://theconversation.com/the-global-community-is-finally-acting-on-climate-change-but-we-need-to-switch-to-renewable-energy-faster-119841.
9. IRENA, *Renewable Power Generation Costs in 2018* (2019): https://www.irena.org/-/media/Files/IRENA/Agency/Publication/2019/May/IRENA_Renewable-Power-Generations-Costs-in-2018.pdf.
10. A. Rowell, *Communities, Councils & a Low-Carbon Future: What We Can Do If Governments Won't* (Transition Books, 2010).

11. US Department of Energy, Energy Saver, *Tips on Saving Money and Energy in Your Home* (2017): https://www.energy.gov/sites/prod/files/2017/10/f37/Energy_Saver_Guide-2017-en.pdf.
12. Committee on Climate Change, *UK Housing: Fit for the Future?* (2019): https://www.theccc.org.uk/wp-content/uploads/2019/02/UK-housing-Fit-for-the-future-CCC-2019.pdf.
13. Committee on Climate Change, *Net Zero: The UK's Contribution to Stopping Global Warming* (2019): https://www.theccc.org.uk/wp-content/uploads/2019/05/Net-Zero-The-UKs-contribution-to-stopping-global-warming.pdf.
14. Office for National Statistics, ‚Road transport and air emissions' (2019): https://www.ons.gov.uk/economy/environmentalaccounts/articles/roadtransportandairemissions/2019-09-16.
15. A. Neves & C. Brand, ‚Assessing the potential for carbon emissions savings from replacing short car trips with walking and cycling using a mixed GPS-travel diary approach', *Transportation Research Part A: Policy and Practice* 123 (2019), 130–146.
16. WHO, *Health in the Green Economy: Health Co-benefits of Climate Change Mitigation – Transport Sector* (2011): http://extranet.who.int/iris/restricted/bitstream/handle/10665/70913/9789241502917_eng.pdf;jsessionid=509F19AF7D4BAB84921BAAF102B713E4?sequence=1.
17. European Environment Agency, *The First and Last Mile – The Key to Sustainable Urban Transport: Transport and Environment Report 2019* (2020): https://www.eea.europa.eu//publications/the-first-and-last-mile.
18. L. Cozzi, ‚Growing preference for SUVs challenges emissions reductions in passenger car market' (IEA, 2019).
19. N. Kommenda, ‚How your flight emits as much CO_2 as many people do in a year', *Guardian* (19. Juli 2019): https://www.theguardian.com/environment/ng-interactive/2019/jul/19/carbon-calculator-how-taking-one-flight-emits-as-much-as-many-people-do-in-a-year.
20. BBC News, ‚Climate change: Should you fly, drive or take the train?' (24. August 2019): https://www.bbc.co.uk/news/science-environment-49349566.

21. UNFCCC, Carbon Offset Platform, ‚What is offsetting?' (2020).
22. P. Collinson, ‚How to get your pension fund to divest from fossil fuels', *Guardian* (9. Mai 2015).
23. 350.org, Green Century Funds & Trillium Asset Management, *Make a Clean Break: Your Guide to Fossil Fuel Free Investing – An Updated Guide to Personal Divestment and Reinvestment* (2017).
24. IEEFA, *The Financial Case for Fossil Fuel Divestment* (2018): http://ieefa.org/wp-content/uploads/2018/07/Divestment-from-Fossil-Fuels_The-Financial-Case_July-2018.pdf.
25. As You Sow, ‚Carbon Clean 200™: Investing in a clean energy future – 2018 Q1 performance update' (2018).
26. Friends of the Earth, ‚Natural resources: Overconsumption and the environment' (2020): https://friendsoftheearth.uk/natural-resources.
27. S. Helm, J. Serido, S. Ahn, V. Ligon & S. Shim, ‚Materialist values, financial and pro-environmental behaviors, and well-being', *Young Consumers* 20 (2019), 264–284.
28. WRAP, Recycle Now, ‚Reduce waste' (2020): https://www.recyclenow.com/reduce-waste.
29. K. Williamson, A. Satre-Meloy, K. Velasco & K. Green, *Climate Change Needs Behavior Change: Making the Case for Behavioral Solutions to Reduce Global Warming* (Rare, 2018).
30. Global Recycling Day, *Recycling: The Seventh Resource Manifesto* (2018): https://www.globalrecyclingday.com/wp-content/uploads/2017/12/ManifestoFINAL.pdf.
31. Circle Economy, *The Circularity Gap Report 2020* (2020): https://pacecircular.org/sites/default/files/2020-01/Circularity%20Gap%20Report%202020.pdf.
32. M. Berners-Lee, *How Bad Are Bananas? The Carbon Footprint of Everything* (Profile, 2010).
33. S. Laville, ‚One year to save the planet: a simple, surprising guide to fighting the climate crisis in 2020', *Guardian* (7. Januar 2020): https://www.theguardian.com/environment/2020/jan/07/save-the-planet-guide-fighting-climate-crisis-veganism-flying-earth-emergency-action.

34. BBC News, ‚What is Extinction Rebellion and what does it want?' (7. Oktober 2019): https://www.bbc.co.uk/news/uk-48607989.
35. M. Taylor, J. Watts & J. Bartlett, ‚Climate crisis: 6 million people join latest wave of global protests', *Guardian* (27. September 2019): https://www.theguardian.com/environment/2019/sep/27/climate-crisis-6-million-people-join-latest-wave-of-worldwide-protests.
36. E. Marris, ‚Why young climate activists have captured the world's attention', *Nature* 573 (2019), 471–472.
37. M. Berners-Lee, *There Is No Planet B: A Handbook for the Make or Break Years* (Cambridge University Press, 2019).

KAPITEL 7: DIE POSITIVE MACHT DER UNTERNEHMEN

1. HowMuch.net, ‚Charted: The companies making the most money in 2019' (2019): https://howmuch.net/articles/worlds-largest-companies-by-revenue.
2. McKinsey Global Institute, *Measuring the Economic Impact of Short-termism* (2017).
3. BSR, *Business in a Climate-Constrained World: Creating an Action Agenda for Private-sector Leadership on Climate Change* (2015): http://www.bsr.org/reports/bsr-bccw-creating-action-agenda-private-sector-leadership-climate-change.pdf.
4. CDP, ‚World's top green businesses revealed in the CDP A List' (2019): https://www.cdp.net/fr/articles/companies/worlds-top-green-businesses-revealed-in-the-cdp-a-list.
5. CDP, *Climate Action and Profitability: CDP S&P 500 Climate Change Report 2014* (2014): https://6fefcbb86e61af1b2fc4-c70d8ead6ced550b4d987d7c03fcdd1d.ssl.cf3.rackcdn.com/cms/reports/documents/000/000/845/original/CDP-SP500-leaders-report-2014.pdf?1472032950.
6. Microsoft, ‚Microsoft will be carbon negative by 2030' (2020): https://blogs.microsoft.com/blog/2020/01/16/microsoft-will-be-carbon-negative-by-2030/.

7. Sky, Sky Zero, ‚We're going net zero carbon by 2030. Because the world can't wait' (2020): https://www.skygroup.sky/sky-zero.
8. BP, ‚BP sets ambition for net zero by 2050, fundamentally changing organisation to deliver' (2020): https://www.bp.com/en/global/corporate/news-and-insights/press-releases/bernard-looney-announces-new-ambition-for-bp.html.
9. D. A. Lubin, T. Nixon & C. Mangieri, *Transparency: The Pathway to Leadership for Carbon Intensive Businesses* (Reuters et al., 2019): https://www.reuters.com/media-campaign/brandfeatures/transparency-report/the-pathway-to-leadership-for-carbon-intensive-businesses-feb2019.pdf.
10. Natural Capital Partners, *The CarbonNeutral Protocol: The Global Standard for Carbon Neutral Programmes* (2020).
11. UN Global Compact, *Guide to Corporate Sustainability: Shaping a Sustainable Future* (2014)
12. CDP, *Mind the Science* (2015): https://sciencebasedtargets.org/.
13. Science Based Targets, *Science-Based Target Setting Manual* (2019): https://sciencebasedtargets.org/wp-content/uploads/2017/04/SBTi-manual.pdf.
14. TCFD, *Recommendations of the Task Force on Climate-related Financial Disclosures* (2017): https://www.fsb-tcfd.org/wp-content/uploads/2017/06/FINAL-2017-TCFD-Report-11052018.pdf.
15. T. Bruckner et al., ‚Energy Systems' in *Climate Change 2014: Mitigation of Climate Change. Contribution of Working Group III to the Fifth Assessment Report of the Intergovernmental Panel on Climate Change* (2014): https://www.ipcc.ch/site/assets/uploads/2018/02/ipcc_wg3_ar5_chapter7.pdf.
16. The Climate Group, *Smarter Energy Use: Businesses Doing More with Less: EP100 Progress and Insights Report* (2019): https://www.theclimategroup.org/energy.
17. World Green Building Council, *Doing Right by Planet and People: The Business Case for Health and Wellbeing in Green Building* (2018): https://www.worldgbc.org/sites/default/files/WorldGBC%20-%20Doing%20Right%20by%20Planet%20and%20People%20-%20April%202018_0.pdf.

18. IRENA, *Corporate Sourcing of Renewable Energy: Market and Industry Trends – REmade Index* (2018): https://irena.org/-/media/Files/IRENA/Agency/Publication/2018/May/IRENA_Corporate_sourcing_2018.pdf.
19. Natural Capital Partners, *Green Gas Certificates: Help Companies Report Lower Scope 1 Emissions* (2018).
20. The Climate Group, *Business Driving Demand for Electric Vehicles: EV100 Progress and Insights Annual Report 2019* (2019).
21. BSR, *Transitioning to Low-Carbon Fuel: A Business Guide for Sustainable Trucking in North America – A Working Paper from the Future of Fuels Working Group* (2014).
22. Ellen MacArthur Foundation, *Towards the Circular Economy: Economic and Business Rationale for an Accelerated Transition* (2013): https://ellenmacarthurfoundation.org/towards-the-circular-economy-vol-1-an-economic-and-business-rationale-for-an.
23. Circle Economy, *The Circularity Gap Report 2020* (2020): https://pacecircular.org/sites/default/files/2020-01/Circularity%20Gap%20Report%202020.pdf.
24. Ellen MacArthur Foundation, *Growth Within: A Circular Economy Vision for a Competitive Europe* (2015): https://www.ellenmacarthurfoundation.org/assets/downloads/publications/EllenMacArthurFoundation_Growth-Within_July15.pdf.
25. European Union, *Moving Towards a Circular Economy with EMAS: Best Practices to Implement Circular Economy Strategies (with Case Study Examples)* (2017).
26. C. B. Bhattacharya, S. Sen & D. Korschun, ‚Using corporate social responsibility to win the war for talent', *MIT Sloan Management Review* 49 (2008), 37–44.
27. Global Tolerance, *The Values Revolution* (2015): http://crnavigator.com/materialy/bazadok/405.pdf.
28. R. G. Eccles, K. Miller Perkins & G. Serafeim, ‚How to become a sustainable company', *MIT Sloan Management Review* 53 (2012), 43–50.
29. ISO, *Introduction to ISO 14001: 2015* (2015).
30. J. M. Sullivan, *Creating Employee Champions: How to Drive Business Success Through Sustainability Engagement Training* (Routledge, 2014).

31. P. Polman & C. B. Bhattacharya, ‚Engaging employees to create a sustainable business', *Stanford Social Innovation Review* Fall 2016, 34–39.
32. J. B. Rodell, J. E. Booth, J. W. Lynch & K. P. Zipay, ‚Corporate volunteering climate: Mobilizing employee passion for societal causes and inspiring future charitable action', *Academy of Management Journal* 60 (2017), 1662–1681.
33. EY und UN Global Compact, *The State of Sustainable Supply Chains: Building Responsible and Resilient Supply Chains* (2016).
34. CDP, *Missing Link: Harnessing the Power of Purchasing for a Sustainable Future* (2017): https://www.bsr.org/reports/Report-Supply-Chain-Climate-Change-2017.pdf.
35. UN Global Compact, *Supply Chain Sustainability: A Practical Guide for Continuous Improvement* (2010).
36. R. Isaksson, P. Johansson & K. Fischer, ‚Detecting supply chain innovation potential for sustainable development', *Journal of Business Ethics* 97 (2010), 425–442.
37. OECD, *Is There a Role for Blockchain in Responsible Supply Chains?* (2019): https://mneguidelines.oecd.org/Is-there-a-role-for-blockchain-in-responsible-supply-chains.pdf.
38. C. A. Adams, ‚Sustainability and the Company of the Future' in *Reinventing the Company for the Digital Age* (BBVA, 2014), 413–430.
39. Ellen MacArthur Foundation, *Completing the Picture: How the Circular Economy Tackles Climate Change* (2019): https://www.ellenmacarthurfoundation.org/assets/downloads/Completing_The_Picture_How_The_Circular_Economy-_Tackles_Climate_Change_V3_26_September.pdf.
40. BSR, *Redefining Sustainable Business: Management for a Rapidly Changing World* (2018): https://www.bsr.org/reports/BSR_Redefining_Sustainable_Business.pdf.
41. Corporate Leaders Group, ‚More than 200 leading businesses urge UK Government to deliver resilient recovery plan' (2020): https://www.corporateleadersgroup.com/reports-evidence-and-insights/news-items/leading-businesses-urge-uk-government-to-deliver-resilient-recovery-plan.

42. UN Global Compact, *The Ambition Loop: How Business and Government Can Advance Policies that Fast Track Zero-carbon Economic Growth* (2018): https://www.unglobalcompact.org/library/5648.
43. UN Global Compact, *Guide for Responsible Corporate Engagement in Climate Policy: A Caring for Climate Report* (2013): https://www.unglobalcompact.org/docs/issues_doc/Environment/climate/Guide_Responsible_Corporate_Engagement_Climate_Policy.pdf.
44. AccountAbility and UN Global Compact, *Towards Responsible Lobbying: Leadership and Public Policy* (2005).
45. L. Georgeson & M. Maslin, ‚Estimating the scale of the US green economy within the global context', *Palgrave Communications* 5 (2019), 1–12.
46. UNFCCC, *Energizing Entrepreneurs to Tackle Climate Change: Addressing Climate Change Through Innovation* (2018): https://unfccc.int/ttclear/misc_/StaticFiles/gnwoerk_static/brief12/bd80d2dd55e64d8ebdbc07752108c52c/af75fb524aa042e2a4f795ba6f29196f.pdf.

KAPITEL 8: STAATLICHE LÖSUNGEN

1. E. Somanathan et al., ‚National and Sub-national Policies and Institutions' in *Climate Change 2014: Mitigation of Climate Change. Contribution of Working Group III to the Fifth Assessment Report of the Intergovernmental Panel on Climate Change* (2014).
2. C. C. Jaeger, K. Hasselmann, G. Leipold, D. Mangalagiu & J. D. Tàbara (Hrsg.), *Reframing the Problem of Climate Change: From Zero Sum Game to Win–Win Solutions* (Earthscan, 2012).
3. PwC, *Innovation: Government's Many Roles in Fostering Innovation* (2010): https://www.pwc.com/gx/en/technology/pdf/how-governments-foster-innovation.pdf.
4. T. Bruckner et al., ‚Energy Systems' in *Climate Change 2014: Mitigation of Climate Change. Contribution of Working Group III to the Fifth Assessment Report of the Intergovernmental Panel on Climate Change* (2014): https://www.ipcc.ch/site/assets/uploads/2018/02/ipcc_wg3_ar5_chapter7.pdf.

5. UNEP, *Waste to Energy: Considerations for Informed Decision-Making* (2019): https://wedocs.unep.org/handle/20.500.11822/28413.
6. L. E. Erickson & M. Jennings, ‚Energy, transportation, air quality, climate change, health nexus: Sustainable energy is good for our health', *AIMS Public Health* 4 (2017), 47–61.
7. R. Sims et al., ‚Transport' in *Climate Change 2014: Mitigation of Climate Change. Contribution of Working Group III to the Fifth Assessment Report of the Intergovernmental Panel on Climate Change* (2014).
8. D. Coady, I. Parry, N. Le & B. Shang, *Global Fossil Fuel Subsidies Remain Large: An Update Based on Country-Level Estimates* (IMF-Arbeitspapier, 2019): https://www.imf.org/en/Publications/WP/Issues/2019/05/02/Global-Fossil-Fuel-Subsidies-Remain-Large-An-Update-Based-on-Country-Level-Estimates-46509.
9. IISD, *Fossil Fuel to Clean Energy Subsidy Swaps: How to pay for an energy revolution* (2019): https://www.iisd.org/sites/default/files/publications/fossil-fuel-clean-energy-subsidy-swap.pdf.
10. OECD, *Taxing Energy Use* (2019): https://www.oecd.org/tax/tax-policy/brochure-taxing-energy-use-2019.pdf.
11. World Bank, *Carbon Tax Guide: A Handbook for Policy Makers* (2017): https://www.cbd.int/financial/2017docs/wb-carbontaxguide2017.pdf.
12. World Green Building Council, *Bringing Embodied Carbon Upfront: Coordinated Action for the Building and Construction Sector to Tackle Embodied Carbon* (2019): https://www.worldgbc.org/embodied-carbon.
13. Better Buildings Partnership, *Low Carbon Retrofit Toolkit: A Roadmap to Success* (2010): http://www.betterbuildingspartnership.co.uk/sites/default/files/media/attachment/bbp-low-carbon-retrofit-toolkit.pdf.
14. J. Bogner et al., ‚Waste Management' in *Climate Change 2007: Mitigation. Contribution of Working Group III to the Fourth Assessment Report of the Intergovernmental Panel on Climate Change* (2007): https://archive.ipcc.ch/publications_and_data/ar4/wg3/en/ch10.html.

15. IUCN, *Synergies Between Climate Mitigation and Adaptation in Forest Landscape Restoration* (2015): https://portals.iucn.org/library/node/45203.
16. M. Löf, P. Madsen, M. Metslaid, J. Witzell & D. F. Jacobs, ‚Restoring forests: Regeneration and ecosystem function for the future', *New Forests* 50 (2019), 139–151.
17. FAO, *Sustainable Agriculture for Biodiversity: Biodiversity for Sustainable Agriculture* (2018): http://www.fao.org/3/a-i6602e.pdf.
18. Y. Cerqueira et al., ‚Ecosystem Services: The Opportunities of Rewilding in Europe' in *Rewilding European Landscapes* (Springer, 2015), 47–64.
19. N. Pettorelli et al., ‚Making rewilding fit for policy', *Journal of Applied Ecology* 55 (2018), 1114–1125.
20. OECD, *Towards Sustainable Land Use: Aligning Biodiversity, Climate and Food Policies* (2020): http://www.oecd.org/environment/resources/towards-sustainable-land-use-aligning-biodiversity-climate-and-food-policies.pdf.
21. Committee on Climate Change, *Land Use: Policies for a Net Zero UK* (2020): https://www.theccc.org.uk/wp-content/uploads/2020/01/Land-use-Policies-for-a-Net-Zero-UK.pdf.
22. Compassion in World Farming, *Turning the Food System Round: The Role of Government in Evolving to a Food System That Is Nourishing, Sustainable, Equitable and Humane* (2019): https://www.ciwf.org.uk/media/7436369/how-to-transition-to-a-nourishing-sustainable-equitable-and-humane-food-system-2019.pdf.
23. A. R. Camilleri, R. P. Larrick, S. Hossain & D. Patino-Echeverri, ‚Consumers underestimate the emissions associated with food but are aided by labels', *Nature Climate Change* 9 (2019), 53–58.
24. EPHA & HCWH Europe, *How Can the EU Farm to Fork Strategy Contribute? Public Procurement for Sustainable Food Environments* (2019): https://epha.org/wp-content/uploads/2019/12/public-procurement-for-sustainable-food-environments-epha-hcwh-12-19.pdf.
25. O. De Schutter, *The Power of Procurement: Public Purchasing in the Service of Realizing the Right to Food* (2014).

26. Department of Health & Social Care, *Consultation on Restricting Promotions of Products High in Fat, Sugar and Salt by Location and By Price* (2019): https://assets.publishing.service.gov.uk/government/uploads/system/uploads/attachment_data/file/770704/consultation-on-restricting-price-promotions-of-HFSS-products.pdf.
27. True Animal Protein Price Coalition, *Aligning Food Pricing Policies with the European Green Deal: True Pricing of Meat and Dairy in Europe, Including CO_2 Costs* (2020): https://www.tappcoalition.eu/true-pricing-of-food.
28. L. Cornelsen & A. Carriedo, *Health-related Taxes on Food and Beverages* (Food Research Collaboration, 2015).
29. Defra, *Clean Air Strategy 2019* (2019).
30. WWF, *Saving the Earth: A Sustainable Future for Soils and Water* (2018): https://www.wwf.org.uk/sites/default/files/2018-04/WWF_Saving_The_Earth_Report_HiRes_DPS_0.pdf.
31. Global Food Security & UK Water Partnership, *Agriculture's Impacts on Water Quality* (2015): https://www.foodsecurity.ac.uk/publications/archive/page/5/.
32. X. Poux & P. M. Aubert, *An Agroecological Europe in 2050: Multifunctional Agriculture for Healthy Eating. Findings from the Ten Years for Agroecology (TYFA) Modelling Exercise* (IDDRI, 2018).
33. UNDP, *Taxes on Pesticides and Chemical Fertilizers* (2017): https://www1.undp.org/content/dam/sdfinance/doc/Taxes%20on%20pesticides%20and%20chemical%20fertilizers%20_%20UNDP.pdf.
34. PMR & ICAP, *Emissions Trading in Practice: A Handbook on Design and Implementation* (2016).
35. European Environment Agency, *National Climate Change Vulnerability and Risk Assessments in Europe, 2018* (2018): https://www.eea.europa.eu/publications/national-climate-change-vulnerability-2018.
36. UNESCO and UNFCCC, *Action for Climate Empowerment: Guidelines for Accelerating Solutions Through Education, Training and Public Awareness* (2016).

37. OECD, *Integrating Climate Change Adaptation into Development Co-operation: Policy Guidance* (2009): https://www.oecd.org/env/cc/44887764.pdf.
38. OECD, *Climate-resilient Infrastructure: Policy Perspectives* (2018): https://www.oecd.org/environment/cc/policy-perspectives-climate-resilient-infrastructure.pdf.
39. J. Rydge, M. Jacobs & I. Granoff, *Ensuring New Infrastructure Is Climate-Smart* (New Climate Economy, 2015): https://newclimateeconomy.report/2015/wp-content/uploads/sites/3/2014/08/Ensuring-infrastructure-is-climate-smart.pdf.
40. S. L. Lewis & M. A. Maslin, *The Human Planet: How We Created the Anthropocene* (Penguin, 2018).
41. RSA, *Creative Citizen, Creative State – The Principled and Pragmatic Case for a Universal Basic Income* (2015): https://www.thersa.org/globalassets/reports/rsa_basic_income_20151216.pdf.

KAPITEL 9: RETTEN WIR UNSEREN PLANETEN UND UNS SELBST

1. C. C. Jaeger, K. Hasselmann, G. Leipold, D. Mangalagiu & J. D. Tàbara (Hrsg.), *Reframing the Problem of Climate Change: From Zero Sum Game to Win–Win Solutions* (Earthscan, 2012).
2. C. I. Bradford & J. F. Linn, *Global Governance Reform: Breaking the Stalemate* (Brookings Institution Press, 2007).
3. D. P. Rapkin, J. R. Strand & M. W. Trevathan, ‚Representation and governance in international organizations', *Politics and Governance* 4 (2016), 77–89.
4. D. Tapscott, ‚A Bretton Woods for the 21st century', *Harvard Business Review* (2014): https://hbr.org/2014/03/a-bretton-woods-for-the-21st-century.
5. Bretton Woods Project, *What Are the Main Criticisms of the World Bank and IMF?* (2019): https://www.brettonwoodsproject.org/wp-content/uploads/2019/06/Common-Criticisms-FINAL.pdf.

6. N. McCarthy, ‚Oil and gas giants spend millions lobbying to block climate change policies', *Forbes* (25 March 2019): https://www.forbes.com/sites/niallmccarthy/2019/03/25/oil-and-gas-giants-spend-millions-lobbying-to-block-climate-change-policies-infographic/?sh=60fe62fa7c4f.
7. K. Das, H. van Asselt, S. Droege & M. Mehling, *Making the International Trade System Work for Climate Change: Assessing the Options* (Climate Strategies, 2018): https://climatestrategies.org/wp-content/uploads/2018/07/CS-Report-_Trade-WP4.pdf.
8. UNCTAD, *Trade and Development Report 2018: Power, Platforms and the Free Trade Delusion* (2018): https://unctad.org/en/PublicationsLibrary/tdr2018_en.pdf.
9. J. Hickel, *The Divide: A Brief Guide to Global Inequality and Its Solutions* (Heinemann, 2017).
10. D. Kar, *Financial Flows and Tax Havens: Combining to Limit the Lives of Billions of People* (Norwegian School of Economics et al., 2016): https://gfintegrity.org/report/financial-flows-and-tax-havens-combining-to-limit-the-lives-of-billions-of-people/.
11. United Nations, ‚Security Council: Current members' (2020): https://www.un.org/securitycouncil/content/current-members.
12. L. Cabrera, *Strengthening Security, Justice, and Democracy Globally: The Case for a United Nations Parliamentary Assembly* (Commission on Global Security, Justice & Governance, 2015): https://www.stimson.org/wp-content/files/Commission_BP_Cabrera.pdf.
13. Wikipedia, ‚Democracy Index' (2020): https://en.wikipedia.org/wiki/Democracy_Index.
14. V. Popovski, *Reforming and Innovating the United Nations Security Council* (Commission on Global Security, Justice & Governance, 2015): https://www.stimson.org/wp-content/files/Commission_BP_Popovski1.pdf.
15. L. Georgeson, ‚Why is there still no World Environment Organisation?' *The Conversation* (22 April 2014): https://theconversation.com/why-is-there-still-no-world-environment-organisation-25792.
16. United Nations System, ‚Total revenue by agency' (2018).

17. J. D. Ostry, P. Loungani & D. Furceri, *Neoliberalism: Oversold?* (IMF, 2016): https://www.imf.org/external/pubs/ft/fandd/2016/06/pdf/ostry.pdf.
18. A. Kapoor & B. Debroy, ‚GDP is not a measure of human well-being', *Harvard Business Review* (4. Oktober 2019): https://hbr.org/2019/10/gdp-is-not-a-measure-of-human-well-being.
19. J. A. McGregor & N. Pouw, ‚Towards an economics of well-being', *Cambridge Journal of Economics* 41 (2016), 1123–1142.
20. Credit Suisse Research Institute, *Global Wealth Report 2019* (2019): https://www.credit-suisse.com/about-us-news/en/articles/media-releases/global-wealth-report-2019--global-wealth-rises-by-2-6--driven-by-201910.html.
21. N. Maxwell, ‚From Knowledge to Wisdom: The Need for an Academic Revolution', *London Review of Education* 5 (2007), 97–115.
22. United Nations, ‚Sustainability Development Goals' (2020): https://sustainabledevelopment.un.org/.
23. Editorial, ‚Get the Sustainable Development Goals back on track', *Nature* 577 (2020), 7–8.
24. Wikipedia, ‚List of treaties unsigned or unratified by the United States' (2020): https://en.wikipedia.org/wiki/List_of_treaties_unsigned_or_unratified_by_the_United_States.
25. Credit Suisse Research Institute, *Asia in Transition* (2018): https://www.credit-suisse.com/about-us-news/en/articles/news-and-expertise/emerging-asia-will-produce-more-than-half-of-global-output-201811.html.
26. World Bank, ‚GDP, PPP (current international $) – European Union, United States, China' (2020): https://data.worldbank.org/indicator/NY.GDP.MKTP.PP.CD?end=2018&locations=EU-US-CN&start=1960.
27. United Nations, *World Population Prospects 2019: Highlights* (2019): https://population.un.org/wpp/Publications/Files/WPP2019_Highlights.pdf.
28. US National Intelligence Council, *Global Trends 2030: Alternative Worlds* (2012): https://globaltrends2030.files.wordpress.com/2012/11/global-trends-2030-november2012.pdf.
29. H. Kharas, *The Unprecedented Expansion of the Global Middle Class: An Update* (Brookings Institution, 2017): https://www.brookings.edu/wp-content/uploads/2017/02/global_20170228_global-middle-class.pdf.

30. Friends of the Earth, ‚Natural resources: Overconsumption and the environment' (2020): https://friendsoftheearth.uk/natural-resources.
31. McKinsey Global Institute, *Asia's Future Is Now* (2019).
32. IPCC, *Global Warming of 1.5°C: An IPCC Special Report* (2019): https://www.ipcc.ch/site/assets/uploads/sites/2/2019/06/SR15_Full_Report_High_Res.pdf.
33. FAO, *Zero-deforestation Commitments: A New Avenue Towards Enhanced Forest Governance?* (2018): http://www.fao.org/3/i9927en/I9927EN.pdf.
34. UNEP, *Sustainable Consumption and Production: A Handbook for Policymakers* (2015): https://sustainabledevelopment.un.org/content/documents/1951Sustainable%20Consumption.pdf.
35. UNCTAD, *Growth and Poverty Eradication: Why Addressing Inequality Matters* (2013): https://unctad.org/en/PublicationsLibrary/presspb2013d4_en.pdf.
36. RSA, *Creative Citizen, Creative State – The Principled and Pragmatic Case for a Universal Basic Income* (2015): https://www.thersa.org/globalassets/reports/rsa_basic_income_20151216.pdf.
37. United Nations, *The Sustainable Development Goals Report 2019* (2019): https://unstats.un.org/sdgs/report/2019/The-Sustainable-Development-Goals-Report-2019.pdf.
38. N. Stern et al., *Stern Review: The Economics of Climate Change* (UK Government, 2006).
39. R. Stavins et al., ‚International Cooperation: Agreements & Instruments' in *Climate Change 2014: Mitigation of Climate Change. Contribution of Working Group III to the Fifth Assessment Report of the Intergovernmental Panel on Climate Change* (2014): https://www.ipcc.ch/site/assets/uploads/2018/02/ipcc_wg3_ar5_chapter13.pdf.
40. UN Division for Sustainable Development, *A Guidebook to the Green Economy* (2012): https://sustainabledevelopment.un.org/content/documents/738GE%20Publication.pdf.
41. K. Williamson, A. Satre-Meloy, K. Velasco & K. Green, *Climate Change Needs Behavior Change: Making the Case for Behavioral Solutions to Reduce Global Warming* (Rare, 2018): https://rare.org/wp-content/uploads/2019/02/2018-CCNBC-Report.pdf.

42. S. Laville, ‚One year to save the planet: a simple, surprising guide to fighting the climate crisis in 2020', *Guardian* (7. Januar 2020): https://www.theguardian.com/environment/2020/jan/07/save-the-planet-guide-fighting-climate-crisis-veganism-flying-earth-emergency-action.
43. E. Somanathan et al., ‚National and Sub-national Policies and Institutions' in *Climate Change 2014: Mitigation of Climate Change. Contribution of Working Group III to the Fifth Assessment Report of the Intergovernmental Panel on Climate Change* (2014): https://www.ipcc.ch/site/assets/uploads/2018/02/ipcc_wg3_ar5_chapter15.pdf.
44. D. Ivanova et al., ‚Quantifying the potential for climate change mitigation of consumption options', *Environmental Research Letters* (2020).
45. BSR, *Business in a Climate-Constrained World: Creating an Action Agenda for Private-sector Leadership on Climate Change* (2015): http://www.bsr.org/reports/bsr-bccw-creating-action-agenda-private-sector-leadership-climate-change.pdf.
46. AccountAbility and UN Global Compact, *Towards Responsible Lobbying: Leadership and Public Policy* (2005): https://d306pr3pise04h.cloudfront.net/docs/news_events%2F8.1%2Frl_final.pdf.
47. UNFPA, *Unfinished Business: The Pursuit of Rights and Choices for All* (2019).

NACHWORT

1. P. Friedlingstein, M. O'Sullivan, M. W. Jones *et al.*, ‚Global Carbon Budget 2020', Earth System Science Data, 12, 3269–3340 (2020): https://doi.org/10.5194/essd-12-3269-2020.

NOCH MEHR FAKTEN ZU UNSEREM PLANETEN ERDE

Unser Planet.

Unsere Heimat.

Unsere blaue Murmel, die im dunklen, leeren Raum schwebt.

Der dritte Planet von der Sonne aus.[1]

Die Erde umrundet die Sonne alle 365,256 Tage mit einer Geschwindigkeit von rund 107 200 km/h.[2]

Der Äquator ist 40 075 km lang.[2]

Es würde 8015 Stunden oder 668 Tage dauern, zu Fuß die Erde entlang des Äquators zu umrunden (wenn dies möglich wäre).

Die Oberfläche der Erde[3] beträgt 510 Millionen km^2.

Die Hälfte der Erdoberfläche liegt in den Tropen.

NOCH MEHR FAKTEN ZU UNSEREM PLANETEN ERDE

Das Volumen der Erde[2] beträgt 1083 Milliarden km^3.

Die Masse der Erde[2] beträgt 600 Milliarden Tonnen.

Die Erde ist der dichteste Planet im Sonnensystem.[1]

29 % der Erdoberfläche sind Land – von Regenwäldern bis zu trockenen Sandwüsten.[3]

Der höchste Gipfel auf dem Festland ist der Mount Everest mit 8848 m über dem Meeresspiegel.[4]

Der tiefste Punkt auf dem Festland ist das Tote Meer. Im Jahr 2020 lag seine Oberfläche 434 m unter dem Meeresspiegel.[5]

71 % der Erdoberfläche sind Wasser: Ozeane, Meere, Seen und Flüsse.[3]

Die tiefste Stelle des Ozeans ist das Challengertief im Marianengraben rund 10 984 m unter dem Meeresspiegel.[6]

Die durchschnittliche Oberflächentemperatur beträgt 14 °C.[7]

Die kälteste je aufgezeichnete Temperatur beträgt -89,2 °C.[8]

Die wärmste je aufgezeichnete Temperatur beträgt 56,7 °C.[8]

Der größte Ozean ist der Pazifische Ozean, der ein Drittel der Erdoberfläche bedeckt (166 200 000 km^2).[9]

Die vier längsten Flüsse der Welt sind:

Nil (6693 km)

Amazonas (6436 km)

Jangtsekiang (6300 km)

Mississippi mit Missouri (6275 km).[10]

Das größte Delta ist das Ganges-Delta mit einer Ausdehnung von über 100 000 km^2.[11]

Die fünf größten Wüsten der Welt sind:

Antarktika (14 Millionen km^2),

Sahara (8,6 Millionen km^2),

Arabische Wüste (2,3 Millionen km^2),

Gobi (1,3 Millionen km^2),

Kalahari (0,9 Millionen km^2).[12]

Die drei größten Regenwälder sind:

Amazonas (5 500 000 km^2),

Kongo (1 780 000 km^2),

Papua-Neuguinea (288 000 km^2).[13]

Wir haben bisher 1,9 Millionen unterschiedliche Arten von Lebewesen entdeckt, aber es könnte bis zu eine Billion Arten auf der Erde geben.[14, 15]

Es gibt mehr als 7,8 Milliarden Menschen auf der Erde – jeder für sich einzigartig.[16]

Und du bist einer davon!

QUELLEN

1. NASA, ‚Our Solar System' (2009).
2. NASA, ‚Earth fact sheet' (2020): https://nssdc.gsfc.nasa.gov/planetary/factsheet/earthfact.html.
3. M. Pidwirny, ‚Introduction to the oceans', *Fundamentals of Physical Geography* (2. Aufl., 2006): http://www.physicalgeography.net/fundamentals/8o.html.
4. BBC News, ‚Nepal and China agree on Mount Everest's height' (8. April 2010): http://news.bbc.co.uk/1/hi/world/south_asia/8608913.stm.
5. Israel Oceanographic & Limnological Research, ‚Long-term changes in the Dead Sea' (2020): https://isramar.ocean.org.il/isramar2009/DeadSea/LongTerm.aspx.
6. J. V. Gardner, A. A. Armstrong, B. R. Calder & J. Beaudoin, ‚So, how deep ***is*** the Mariana Trench?', *Marine Geodesy* 37 (2014), 1–13.
7. NASA Earth Observatory, ‚World of Change: Global temperatures' (2020): https://earthobservatory.nasa.gov/world-of-change/decadaltemp.php.
8. Arizona State University, ‚World Meteorological Organization Global Weather & Climate Extremes Archive' (2020).
9. J. A. Quinn & S. L. Woodward, *Earth's Landscape: An Encyclopedia of the World's Geographic Features* (ABC-CLIO, 2015).
10. J. Boenigk, S. Wodniok & E. Glücksman, *Biodiversity and Earth History* (Springer, 2015), doi:10.1007/978-3-662-46394-9.
11. R. Ramachandran et al., ‚Integrated Management of the Ganges Delta, India' in *Coasts and Estuaries: The Future*, Hrsg. E. Wolanski, J. W. Day, M. Elliott & R. Ramachandran (Elsevier, 2019).

12. C. Holzapfel, ‚Deserts' in *Encyclopedia of Ecology* (2. Aufl.), Hrsg. B. Fath (Elsevier, 2008), 447–466.
13. FAO, *The State of the World's Forests: Forest Pathways to Sustainable Development* (2018): http://www.fao.org/3/I9535EN/i9535en.pdf.
14. A. D. Chapman, *Numbers of Living Species in Australia and the World* (2009).
15. K. J. Locey & J. T. Lennon, ‚Scaling laws predict global microbial diversity', *Proceedings of the National Academy of Sciences of the USA* 113 (2016), 5970–5975.
16. United Nations, *World Population Prospects 2019: Highlights* (2019): https://population.un.org/wpp/Publications/Files/WPP2019_Highlights.pdf.

LITERATURHINWEISE

Englischsprachige Tipps des Autors

GESCHICHTE UNSERES PLANETEN UND UNSERER SPEZIES

Charlesworth, B. und D. Charlesworth, *Evolution: A Very Short Introduction* (Oxford University Press, 2017)

Christakis, N. A., *Blueprint: The Evolutionary Origins of a Good Society* (Little, Brown Spark, 2019)

Humphrey, L. und C. Stringer, *Our Human Story – Illustrated* (Natural History Museum, 2018)

Langmuir, C. H. und W. Broecker, *How to Build a Habitable Planet: The Story of Earth from the Big Bang to Humankind* (Princeton University Press, 2012)

Lenton, T., *Earth System Science: A Very Short Introduction* (Oxford University Press, 2016)

Lenton, T. und A. Watson, *Revolutions That Made the Earth* (Oxford University Press, 2013)

Lewis, S. L. und M. A. Maslin, *The Human Planet: How We Created the Anthropocene* (Penguin und Yale University Press, 2018)

Maslin, M. A., *The Cradle of Humanity* (Oxford University Press, 2017)

McMichael, A. J., *Climate Change and the Health of Nations: Famines, Fevers and the Fate of Populations* (Oxford University Press, 2019)

Ruddiman, W. F., *Plows, Plagues, and Petroleum: How Humans Took Control of Climate* (Princeton Science Library, 2016)

Zalasiewicz, J. und M. Williams, *The Goldilocks Planet: The Four Billion Year Story of Earth's Climate* (Oxford University Press, 2012)

WISSENSCHAFT DES KLIMAWANDELS

Archer, D., *Global Warming: Understanding the Forecast*, 2. Aufl. (John Wiley, 2011)

Dessler, A. E., *The Science and Politics of Global Climate Change: A Guide to the Debate*, 3. Aufl. (Cambridge University Press, 2019)

Emanuel, K., *What We Know About Climate Change*, überarb. Aufl. (MIT Press, 2018)

Houghton, J. T., *Global Warming: The Complete Briefing*, 5. Aufl. (Cambridge University Press, 2015)

IPCC, *Climate Change 2021: The Physical Science Basis. Contribution of Working Group I to the Sixth Assessment Report of the Intergovernmental Panel on Climate Change* (2021)

Maslin, M. A., *Climate Change: A Very Short Introduction* (Oxford University Press, 2021)

Maslin, M. A. und S. Randalls (Hrsg.), *Future Climate Change: Critical Concepts in the Environment* (vier Bände, die Nachdrucke der 85 wichtigsten Artikel über den Klimawandel enthalten), Routledge Major Work Collection (Routledge, 2012)

National Climate Assessment, *Band I: Climate Science Special Report* (2018); https://science2017.globalchange.gov/

Romm, J., *Climate Change: What Everyone Needs to Know* (Oxford University Press, 2018)

POLITIK UND GESCHICHTE DES KLIMAWANDELS

Corfee-Morlot, J. et al., ‚Climate science in the public sphere', *Philosophical Transactions of the Royal Society A* 365/1860 (2007), 2741–2776

Frankopan, P., *The New Silk Roads: The Present and Future of the World* (Bloomsbury, 2019)

Giddens, A., *The Politics of Climate Change*, 2. Aufl. (Polity Press, 2011)

Gupta, J., *The History of Global Climate Governance* (Cambridge University Press, 2014)

Klein, N., *On Fire: The Burning Case for a Green New Deal* (Allen Lane, 2019)

Leggett, J. K., *The Winning of the Carbon War: Power and Politics on the Front Lines of Climate and Clean Energy* (Crux Publishing, 2018)

Mann, M., *The New Climate War: The Fight to Take Back Our Planet* (PublicAffairs, 2021)

Maslin, M., ‚The five corrupt pillars of climate change denial', The Conversation (28. November 2019); https://theconversation.com/the-five-corrupt-pillars-of-climate-change-denial-122893

Maslin, M., ‚Five climate change science misconceptions – debunked', *The Conversation* (15. September 2019); https://theconversation.com/five-climate-change-science-misconceptions-debunked-122570

Metcalf, G. E., *Paying for Pollution: Why a Carbon Tax Is Good for America* (Oxford University Press, 2019)

Meyer, A., *Contraction and Convergence: The Global Solution to Climate Change* (Green Books, 2015)

Oreskes, N. und E. M. Conway, *Merchants of Doubt: How a Handful of Scientists Obscured the Truth on Issues from Tobacco Smoke to Global Warming* (Bloomsbury, 2012)

Thunberg, G., *No One Is Too Small to Make a Difference* (Penguin, 2019)

Weart, S. R., *The Discovery of Global Warming*, New Histories of Science, Technology, and Medicine (Harvard University Press, 2008)

FOLGEN DES KLIMAWANDELS

Bardgett, R., *Earth Matters: How Soil Underlies Civilization* (Oxford University Press, 2016)

Costello, A. et al., ‚Managing the health effects of climate change', *Lancet* 373 (2009), 1693–1733

Friel, S., *Climate Change and the People's Health* (Oxford University Press, 2019)

Garcia, R. A. et al., ‚Multiple dimensions of climate change and their implications for biodiversity', *Science* 344 (2014), 486–496

IPCC, *Climate Change 2021: Impacts, Adaptation, and Vulnerability. Contribution of Working Group II to the Sixth Assessment Report of the Intergovernmental Panel on Climate Change* (2021)

Lynas, M., *Our Final Warning: Six Degrees of Climate Emergency* (Fourth Estate, 2020)

National Climate Assessment, *Volume II: Impacts, Risks, and Adaptation in the United States* (2018); https://nca2018.globalchange.gov/

Stern, N., *The Economics of Climate Change: The Stern Review* (Cambridge University Press, 2007)

Wallace-Wells, D., *The Uninhabitable Earth: A Story of the Future* (Penguin, 2019)

Watts, N. et al., ‚The 2020 report of The *Lancet* Countdown on Health and Climate Change', *Lancet* [396] (2020): 1129–1306: https:/www.thelancet.com/countdown-health-climate

GLOBALE POLITIK, WIRTSCHAFT UND REGIERUNGSFÜHRUNG

Berners-Lee, M., *There Is No Planet B: A Handbook for the Make or Break Years* (Cambridge University Press, 2019)

Grubb, M., *Planetary Economics: Energy, Climate Change and the Three Domains of Sustainable Development* (Routledge, 2014)

IPCC, *Climate Change 2022: Mitigation of Climate Change. Contribution of Working Group III to the Sixth Assessment Report of the Intergovernmental Panel on Climate Change* (2022)

Jackson, T., *Prosperity Without Growth: Economics for a Finite Planet* (Routledge, 2016)

Mazzucato, M., *The Value of Everything: Making and Taking in the Global Economy* (Penguin, 2019)

Raworth, K., *Doughnut Economics: Seven Ways to Think Like a 21st-century Economist* (Random House, 2017)

Royal Society, *People and the Planet*, Royal Society Science Policy Centre Report 01/12 (2012), 81

Sachs, J., *The Ages of Globalization* (Columbia University Press, 2020)

LÖSUNGEN FÜR DAS 21. JAHRHUNDERT

Behrens, P., T. Bosker und D. Ehrhardt (Hrsg.), *Food and Sustainability* (Oxford University Press, 2020)

Buck, H. J., *After Geoengineering: Climate Tragedy, Repair, and Restoration* (Verso, 2019)

Centre for Alternative Technology, *Zero Carbon Britain: Rising to the Climate Emergency* (CAT Publications, 2019); https://www.cat.org.uk/new-report-zero-carbon-britain-rising-to-the-climate-emergency/

Cole, L., *Who Cares Wins: Reasons for Optimism in Our Changing World* (Penguin, 2020)

Figueres, C. und T. Rivett-Carnac, *The Future We Choose: Surviving the Climate Crisis* (Manilla Press, 2020)

Flannery, T., *Atmosphere of Hope: Solutions to the Climate Crisis* (Penguin, 2015)

Georgeson, L., M. Poessinouw und M. Maslin, ‚Assessing the definition and measurement of the global green economy', *Geo: Geography and Environment* 4(1), ISSN 2054-4049, doi: 10.1002/geo2.36 (2017)

Goodall, C., *What We Need to Do Now: For a Zero Carbon Future* (Profile Books, 2020)

Hawken, P., *Drawdown: The Most Comprehensive Plan Ever Proposed to Reverse Global Warming* (Penguin, 2018)

Hayhoe, K., *The Answer to Climate Change: And Why We Can Have Hope* (Atria/One Signal Publishers, 2021)

Helm, D., *Net Zero: How We Stop Causing Climate Change* (William Collins, 2020)

IPCC, *Climate Change 2021: Impacts, Adaptation, and Vulnerability. Contribution of Working Group II to the Sixth Assessment Report of the Intergovernmental Panel on Climate Change* (2021)

Morton, O., *The Planet Remade: How Geoengineering Could Change the World* (Granta, 2016)

Roaf, S. et al., *Adapting Buildings and Cities for Climate Change* (Routledge, 2009)

DANKSAGUNGEN

Der Autor bedankt sich bei:

Johanna, Alexandra und Abbie dafür, dass sie den Lockdown gemeinsam in der Familienblase überstanden und mir die Möglichkeit gegeben haben, dieses Buch zu schreiben.

Meiner Agentin Tessa David, die meine verrückte Idee sofort aufgenommen und mir geholfen hat, den Stil dieses einzigartigen Buches zu verfeinern.

Meinen Lektorinnen bei Penguin Emily Robertson und Susannah Bennett, meiner Faktenprüferin Carole Roberts und meiner Korrektorin Emma Horton.

All den wunderbaren Mitarbeiterinnen und Mitarbeitern des University College London, von Rezatec Ltd und Trove Research. Ein besonderer Dank geht an Siva Niranjan und Simon L. Lewis für die tiefen Einblicke.

Dank an alle meine brillanten und höchst engagierten Kolleginnen und Kollegen aus den Fachgebieten Klimatologie,

Chemie, Wirtschaft, Ingenieurwesen, Geologie, Geografie, Geschichte, Geistes- und Sozialwissenschaften, Medizin, Kunst und vielen anderen mehr, die sich unermüdlich darum bemühen, die negativen Auswirkungen unseres Handelns auf den Planeten zu verstehen, vorherzusagen und abzumildern.

Und schließlich danke ich Sun Tzu – wer auch immer „er" oder „sie" war – dafür, das Werk ***Die Kunst des Krieges*** vor über 2500 Jahren geschrieben und mich damit zu diesem Buch inspiriert zu haben.

INDEX